초보자를 위한

러시아어

이주만 著

대구대학교출판부

• 이주만

한국외국어대학교 및 同대학원 졸업
전공: 러시아어문법
現 대구대학교 러시아어러시아학과 재직

초　판 | 2016년 9월 30일
지은이 | 이주만
펴낸이 | 홍덕률
펴낸곳 | 대구대학교출판부
경북 경산시 진량읍 대구대로 201
전화 053) 850-8662 | 팩스 053) 850-5669
찍은곳 | 초록뱀디저털
ISBN 978-89-7794-656-9-93790
값 19,000원

머리말

이 책은 초보의 러시아어 학습자들이 러시아어문법의 가장 기본적인 사항을 비교적 짧은 기간 안에 습득할 수 있도록 고려하여 만든 학습서이다.

독학용으로도 가능하지만, 교사의 존재를 전제로 하였기 때문에 문법사항의 설명은, 가능한 한, 간략하게 처리하였으며, 예문의 번역은 붙이지 않았다.

1週에 2회(1회를 90분으로 하여)의 수업이라면 1년 동안에 끝낼 수 있도록 책의 내용과 분량을 고려하였다. 보충자료를 이용한다면, 그 기간은 연장될 수 있다.

어휘는 초급과정에서 필요하다고 생각되는 것, 즉 사용빈도가 높은 어휘를 주로 선별하였다. 각 학과마다 새로이 나오는 단어는 '☞'을 표시하여 그 뜻과 용례를 제시하였다. 이 책에서 다룬 모든 어휘는 따로 분류하여 뒷부분에 단어집으로 정리하여 놓았다. 따라서 따로 사전을 이용하지 않아도 된다.

이 학습서에는 각 학과의 문법사항의 이해를 돕는 본문(텍스트)이 없기 때문에 문법사항에 적합한 본문내용을 부교재로서 학습에 이용한다면 보다 큰 학습효과를 기대할 수 있을 것으로 생각한다.

2016년 06월

이 주 만

순서

Урок 11

Урок 12

Урок 13

Урок 14

Урок 15

Урок 21

Урок 22

Урок 23

Урок 24

Урок 25

Урок 26

Урок 27

Урок 28

Урок 29

Урок 30

문자와 발음

1. 모음

경모음자	a[a]	o[o]	y[u]	ы[ɨ]	э[e]
연모음자	я[ja]	ё[jo]	ю[ju]	и[i]	e[je]

경모음자 a, o, y, ы, э와 연모음자 중에서 и만이 본래의 모음을 나타낸다. 연모음자 я, ё, ю, e는 각각 자음 [j]와 모음[a, o, u, э]와의 결합이다. 즉, я=[j+a], ё=[j+o], ю=[j+u], e=[j+э] 이다.

a

우리말의 「아」에 가까운 音이다.

та́к [tak] анана́с [ananas] ма́ма [mamə] па́па [papə]

o, y

우리말의 「오」, 「우」와 비슷한 音이다. 단, 차이는 러시아어의 o, y는 입술을 둥글게 하여 앞으로 내밀어 발음하여야 한다. 그렇게 하지 않으면, y의 경우에 「의」로 들릴 수 있다.

мо́да [modə] нос [nos] му́ка [mukə] рука́ [ruka]

ы

우리말의 「의」로 발음하면 된다.

мы́ло [mɨlə] ты́ква [tɨkvə] сын [sɨn] Крым [krɨm]

э, е

э는 열린 [e]이고, е는 닫힌 [e]이다. 따라서 э는 「에」로, е는 「예」로 발음한다.

э́то [етə] э́кспорт [ekspərt] свет [svet] ме́сто [m'estə]

я, ю, ё, и

я, ю, ё, и는 각각 「야」, 「유」, 「요」, 「이」에 가까운 발음이다.

я́ма [jamə] я́сно [jasnə] ю́мор [jumor] ю́рта [jurta]
ёлка [jolkə] ёмкий [jomk'j] вино́ [v'ino] кни́ги [kn'ig'i]

2. 자음

무성자음	п[p], т[t], к[k], ф[f], с[s], ш[ʃ]
유성자음	б[b], д[d], г[g], в[v], з[z], ж[ʒ]

위의 6쌍의 12자음(무성자음 х, ц, ч, щ과 유성자음 б, д, г, в, з, ж)이 각각 무성/유성의 대립을 이루고 있다. 유성음이란 성대의 진동을 동반하는 音을 말하고, 무성음이란 성대의 진동을 동반하지 않는 音을 가리킨다.

상기의 12자음 이외에 무성자음 4音(х, ц, ч, щ)과 유성자음 5音(л, р, м, н, й)이 있다. 그렇지만, 이것들은 각각 대응의 유성자음, 무성자음은 갖고 있지 않다.

무성자음	х[x], ц[ts], ч[ʧ'], щ[ʃ'ʃ']
유성자음	없음

무성자음	없음
유성자음	л[l], м[m], н[n], р[r], й[j]

3. 자음의 발음

п, б

п는 우리말의「ㅃ」 또는「ㅍ」에 가깝다. 모음 앞에서는 된소리의「ㅃ」로 발음하지만, 語末과 무성음 앞에서는「ㅍ」에 가깝다. б는 유성음으로 성대의 진동이 동반되어야 한다. 우리말의 모음과 모음 사이에서의「ㅂ」, 예를 들어,「아버지」의「ㅂ」에 가깝다.

па́па [papə]   порт [port]   план [plan]   суп [sup]
ба́за [baza]   бо́мба [bombə]   брат [brat]   не́бо [nebə]

т, д

т는 우리말의「ㄸ」 또는「ㅌ」에 가깝다. 모음 앞에서는 된소리의「ㄸ」로 발음하지만, 語末과 무성음 앞에서는「ㅌ」에 가깝다. д는 유성음이다. 우리말의「바다」의「ㄷ」에 가깝다.

т와 д는 연모음 и е ё я ю앞에서는 구개음이 된다. 따라서 ти, те, тё, тя, тю는 각각 우리말의 초성에서의「찌」,「쪠」,「쬬」,「쨔」,「쮸」의「ㅉ」에 가깝다. д의 경우도 각각 語頭에서의「지」,「졔」,「죠」,「쟈」,「쥬」의「ㅈ」에 가깝다.

том [tom]   спорт [sport]   тигр [t'gr]   тётя [t'ot'ə]
дом [dom]   мо́да [modə]   студе́нт [stud'ent]   дя́дя [d'ad'ə]

к, г

к는 우리말의「ㄲ」 또는「ㅋ」에 가깝다. 모음 앞에서는 된소리의「ㄲ」로 발음하지만, 語末과 무성음 앞에서는「ㅋ」에 가깝다. г는 유성음이다. 우리말의「아가씨」의「ㄱ」에 가깝다.

ко́шка [koʃkə]   кино́ [k'ino]   кто [kto]   бу́ква [bukvə]
губа́ [guba]   гора́ [gara]   кни́га [kn'igə]   игра́ [igra]

ф, в

ф는 우리말의 「ㅍ」에 가깝다. 그러나 「ㅍ」(양순음)와는 달리, 아랫입술의 바깥쪽을 가볍게 위쪽의 앞니의 끝에 닿는 듯이 하여 숨을 내뿜어 발음한다. 이 과정에서 성대를 진동시키면, **в**가 된다. 우리말의 「가방」의 「ㅂ」에 가깝다.

фо́рма [formə]　факт [fakt]　фру́кты [fruktɨ]　Уфа́ [ufa]
вас [vas]　вот [vot]　ви́за [v'iza]　пра́вда [pravdə]

с, з

с는 우리말의 「ㅆ」에 가깝고, **з**는 유성음이다. 우리말의 「ㅈ」에 유사하게 들린다. 우리말에서, 「자」의 경우에, 「ㅈ」는 語頭에서 혀의 앞부분이 경구개의 앞쪽에 붙었다가 떨어지면서 나는 폐쇄음이다. 그렇지만 러시아어의 **з**는 폐쇄음이 아닌 마찰음이다. 혀의 앞부분이 경구개의 앞쪽에 밀착시키지 않도록 주의하여야 한다. 영어의 [z]와 유사하여 우리에게 익숙한 音이다. 우리말의 「가장」의 「ㅈ」에 가깝다고 할 수 있다.

со́н [son]　сыр [sɨr]　сестра́ [s'istra]　ко́смос [kosmos]
зал [zal]　зо́нтик [zon't'ik]　газе́та [gaz'etə]　звук [zvuk]

ш, ж

ш는 **с**를 발음할 때보다 혀끝을 치경 쪽으로 치켜 올려 발음한다. 이 때, 주의하여야 할 점은 혀끝을 치경에 가까이 접근시키지만, 치경에 붙이면 안된다. 전체적인 혀의 모양은 '스푼'형태가 된다. 영어 sharp의 sh의 音과 매우 흡사하다. 여기에 성대를 진동시키면 **ж**가 된다.

хорошо́ [xəraʃo]　маши́на [maʃɨnə]　шкаф [ʃkaf]　шёл [ʃol]
жа́рко [ʒarko]　жил [ʒɨl]　жест [ʒest]　ка́ждый [kaʒdɨj]

л, р

л과 р는 모두 우리말의 「ㄹ」에 흡사하다. 그러나 л과 р는 조음상 「ㄹ」와도 다르고, 또한 л과 р도 서로 다르다.

л은 혀끝을 위쪽 앞니의 뒷면에 붙이고, 혀의 측면으로 숨을 내쉬면서 발음한다. 한편, р는 혀끝을 약간 말아 올려 2-3번 정도 진동시켜야 한다.

「ㄹ」이 모음과 모음 사이에서 가볍게 진동되는 경우(「오로지」, 「아라비아」에서의 「ㄹ」)가 있다. 이 때의 音에 가장 가깝다고 할 수 있다.

ла́мпа [lampa] по́лка [polka] лес [l’es] лимо́н [l’imon]
рабо́та [rabotə] ры́ба [rɨbə] рис [r’is] но́рма [normə]

м, н

м과 н는 각각 우리말의 「ㅁ」과 「ㄴ」에 매우 흡사한 音이다.

мост [most] до́ма [domə] мел [m’el] ми́нус [m’inus]
анана́с [ananas] нос [nos] сын [sɨn] пе́сня [p’es’n’ə]

й

й는 우리말에서 「아」에서 「야」로, 「오」에서 「요」로, 「우」에서 「유」로, 옮아갈 때 생기는 전이음으로 짧은 「이」로 생각하면 된다.

мо́йка [mojkə] Кита́й [kitaj] Байка́л [bajkal] ней [n’ej]

х

х는 혀의 뒷부분을 올려 연구개에 접근시켜 그 틈으로 숨을 내쉬어 내는 마찰음이다. 우리말의 「ㅎ」에 가깝지만, 조음점에서 차이가 있다.

хор [xor] са́хар [saxər] ху́рма [xurmə] бу́хта [buxtə]

Ц

ц는 우리말의 「ㅉ」와 유사하게 들리지만, 「ㅉ」와는 달리, 치음으로 발음하여야 한다. ц는 [т]와 [с]가 결합된 音으로 영어의 cats의 [ts]에 상당히 가까운 音이다. ц는 항상 경음이기 때문에 и와 е앞에서도 경음으로 발음하여야 한다.

оте́ц [at'ets] цвет [tsv'et] цирк [tsɨrk] центр [tsentr]

Ч

ч는 우리말의 「치」를 발음 할 때의 「ㅊ」와 매우 흡사하다. 혀끝을 아랫니 뒤쪽에 붙이고 발음한다.

чай [ʧ'aj] ве́чно [v'eʧ'nə] очки́ [aʧ'k'i] врач [vraʧ']

Щ

щ는 우리말의 「시」를 발음 할 때의 「ㅅ」와 매우 흡사하다. с와 다른점은, ч와 마찬가지로, 혀끝을 아랫니 뒤쪽에 붙이고 발음한다.

щётка [ʃ'ʃ'otka] щека́ [ʃ'ʃ'ika] борщ [vorʃ'ʃ']

4. 경자음과 연자음

러시아어의 자음은 유성/무성의 대립 이외에도 경음/연음의 자질에 의한 대립이 있다. 우리말에는 경음/연음의 대립자질이 없기 때문에 한국인들이 경음/연음의 차이를 구별하여 발음하기는 어렵다. 연자음은 구개음으로 и를 발음할 때처럼 혀의 중간부분을 입천장 쪽으로 올리면서 발음하면 된다. 자음은 연음부호(ь)와 연모음 и, е, ё, ю, я앞에서 연음이 된다. тук와 тюк는 가운데 위치한 모음이 달라 모음에 의한 차이로 생각되지만, 음운상 이 2단어의 차이는 모음음운이 아닌 자음음운의 차이([tuk]와 [t'uk]), 즉 경자음과 연자음의 차이에서 비롯된다. 한편, 연음부호(ь)가 뒤에 붙지 않거나 또는 경모음(а, о, у, ы, э)앞에서 자음은 경음이 된다.

5. 연음부호(ь)과 경음부호(ъ)

연음부호 **ь**는 자음 뒤에서 사용되어 그 자음이 연음이라는 것을 표시한다. 한편, 경음부호 **ъ**는 자음과 연모음 사이에 사용되어 양자를 이어서 발음하지 않고 분리하여 발음한다는 것을 표시한다.

письмó [p'is'mo]   дéньги [g'en'g'i]   говори́ть [gəvar'it']
объéкт [abjekt]   подъём [padjom]   отъéхал [otjexal]

6. 악센트

러시아어에서 악센트는 변별적 자질이기 때문에 발음이 매우 중요하다. 악센트가 있는 모음은 강하고 약간 길게 그리고 명확하게 발음하여야 한다. 반면에 악센트가 없는 모음은 약하고, 짧게, 애매모호하게 발음하면 된다. 따라서 문자와 音이 상당히 다른 경우가 있다. 특히 모음 **о, е** 및 **я**는 그 위치에 따라 현저하게 음색이 달라지기 때문에 주의하여야 한다.

(1) 악센트가 없는 **о**는 악센트가 있는 모음의 바로 앞에서 또는 단어의 맨 앞에서는 [a]로 발음되고, 그 밖의 위치에서는 [ə]에 가깝다.

горá [gara]   Москвá [maskva]   разговóр [rəzgavor]
облакá [ablaka]   молокó [məlako]   гóрод [gorət]

(2) 악센트가 없는 **е**는 단어의 맨 앞에서는 [ji]로, 악센트가 있는 모음 앞에서는 [i]로 발음되고, 악센트가 있는 모음 뒤에서는 [ə]로 발음된다. 한편, 악센트가 없는 **я**는 [ji]로 발음되지만, 악센트 모음의 뒤에서는 [ə]가 된다.

едá [jida]   Еврóпа [jivropə]   рекá [r'ika]   мóре [mopə]
язы́к [jizɨk]   объясни́ть [objis'n'it']   пéсня [p'es'n'ə]

(3) **а**는 악센트가 있는 모음의 바로 앞에서 또는 단어의 맨 앞에서는 그대로 짧은 [a]로 발음되지만, 그 밖의 위치에서는 [ə]에 가깝다.

ананáс [ənanas]   разговóр [rəzgavor]   Еврóпа [jivropə]

7. 자음의 同化

일반적으로 어떤 音이 인접하는 다른 音의 영향에 의해 그것에 가까운 音으로 바뀌는 현상을 同化하고 한다. 러시아어에는 자음의 무성음화와 유성음화가 있다.

(1)무성음화

① 유성자음은 語末에서 대응의 무성자음으로 바뀐다.

сад [sat] клуб [klup] муж [muʃ] рука́в [rukaf]

② 유성자음은 무성자음 앞에서 대응의 무성자음으로 바뀐다.

во́дка [votkə] ло́жка [loʃkə] ю́бка [jupka]
Кавка́з [kafkas] из ко́мнаты [iskomnətɨ]

(2)유성음화

무성자음은 유성자음 앞에서 대응의 유성자음으로 바뀐다.

сделать [z'd'elat'] вокза́л [vagzal] о́тдых[oddɨx]
про́сьба [proz'bə] к бра́ту [gbratu] с бра́том [zbratom]

8. 러시아어의 맞춤법

러시아어에는 다음과 같은 철자규칙이 있다.

(1) 후설음(г, к, х) 및 「쉬」音(ж, ш, ч, щ) 뒤에는 ы, ю, я가 올 수 없고, 그 대신에 и, у, а 로 쓴다

(2) ц 뒤에서는 ю, я가 올 수 없고, 그 대신에 у, а 로 쓴다.

(3)「쉬」音(ж, ш, ч, щ) 및 ц 뒤에는 악센트가 없는 о가 올 수 없다.

9. 특수한 자음결합의 발음

сч → [щщ] сча́стье[ʃ'ʃ'as't'jə] счёт[ʃ'ʃ'ot]

сш → [шш] сшить[ʃʃɨt'] расшире́ние[raʃʃɨr'en'ə]

сж, зж → [жж] сжать [ʒʒat'] уезжа́ть[ujiʒʒat']

стн → [сн] изве́стный [iz'v'esnɨj] гру́стно [grusnɨj]

стл → [сл] счастли́вый [ʃ'ʃ'is'l'ivɨj]

здн → [зн] по́здно [poznə] пра́здник [prazn'ik]

тс, дс → [ц] де́тский [d'etskij] городско́й [gəratskoj]

чт → [шт] что [ʃto] что́бы [ʃtobɨ]

чн → [шн] ску́чно [skuʃnə] коне́чно [kan'eʃnə]

ться, тся → [цца] учи́ться [uʧ'ittsə] у́чится [uʧ'ittsə]

гк → [хк] лёгкий [l'oxk'ij] легко́ [l'ixko]

гч → [хч] ле́гче [l'exʧ'i]

Уро́к 1

1. 「A는 B이다」의 표현

Это Анто́н. 이 사람은 안톤입니다. This is Anton.
Он студе́нт. 그는 대학생입니다. He is a student.

위의 예문에서 알 수 있듯이, 러시아어에서 「A는 B이다」를 표현하는 경우, 영어의 be동사(am, are, is)에 해당되는 것은 보통 사용하지 않는다. 또한 러시아어에는 관사(영어의 a, the에 해당되는 것)는 없다.

Он студе́нт. Это ма́ма.

Это ма́ма.
Это па́па.
Это ма́ма и па́па.

Это ка́рта.
Это парк.
Это доро́га.
Это парк и доро́га.

☞ э́то 이(그)것은; 이(그)사람은/ Анто́н 남자이름/ он [인칭대명사](영어 he) 그 사람, 그 남자/ студе́нт 대학생/ ма́ма 엄마/ па́па 아빠/ ка́рта 지도/ парк 공원/ доро́га 길/ и ..와, 그리고

2. 의문사를 포함한 의문문

의문사 **кто?**(누구?)는 사람의 이름 또는 신분, 직업, 가족관계, 국적 등을 물을 때 사용한다. 한편, 의문사 **что?**(무엇?)는 사물에 대하여 물어볼 때 사용한다. 의문사를 갖는 의문문은 의문사의 악센트 음절을 높고, 강하게 발음하고, 문장 끝에서 인토네이션이 내려가는 것이 보통이다.

Кто э́то?　　Кто он?　　Что э́то?

— Кто э́то?
— Это Анто́н.
— Кто он?
— Он студе́нт.

— Что э́то?
— Это го́род Москва́. Это центр.

☞ **кто?** (영어 who?) 누구? / **ч[ш]то?** (영어 what?) 무엇?/ **го́род** 도시/ **Москва́** 모스크바(러시아의 수도)/ **центр** 중심지

3. 의문사가 없는 의문문

의문사를 포함하지 않는 의문문에서는 평서문(「A는 B이다」)에서의 語順을 그대로 사용할 수 있다. 주어와 동사를 도치시킬 필요는 없다. 단, 평서문과는 인토네이션에 의해 구별된다. 의문문인 경우에, 인토네이션은 의문의 중심이 되는 단어의 악센트 음절에서 급격히 올라갔다 하강한다.

Она́ студе́нтка?　　Это ма́ма?

— Это Анна?
— Да, э́то Анна.

— А кто она́?
— Она́ студе́нтка.

— Анна студе́нтка?
— Да, она́ студе́нтка.

☞ она́ 그 여자/ студе́нтка 여자대학생/ Анна 안나(여자이름)/ да 예, 그렇다 / а (문장 첫머리에서) 그러면, 그렇다면

4. 否定文

「A는 B입니까?」에 대하여 否定으로 대답하는 경우에 우선 Нет(「아니다」라고 말하고, 그 다음에 否定하는 단어 바로 앞에 부정조사 не를 놓는다.

— Это Макси́м?
— Да, э́то Макси́м.
— Он студе́нт?
— Нет, он не студе́нт. Он инжене́р.

— Это заво́д?
— Нет, э́то не заво́д. Это институ́т.

— Это слова́рь?
— Да, это слова́рь.
— Это уче́бник?
— Нет, это не уче́бник, а тетра́дь.

☞ Макси́м 막심(남자이름)/ не [부정조사](영어 not)..아니다/ инжене́р 기술자/ заво́д (중공업)공장/ нет 아니다/ институ́т (4년제)단과대학; 연구소/ слова́рь 사전/ уче́бник 교과서/ тетра́дь 공책/ не_, а ... _ 가 아니고, ...이다

5. 그렇다면 그것은?

대화 속에서 다시 질문을 추가하여 「그렇다면, 그것은?」과 같이 묻는 의문문의 인토네이션은 독특하게 말끝이 올라간다.

А э́то?   А ма́ма?

— Это журна́л?

— Да, журна́л.

— А э́то?

— Это то́же журна́л.

— Я студе́нт. А вы?

— Я то́же студе́нт.

☞ **журна́л** 잡지/ **то́же** 역시/ **я** [인칭대명사] (영어 I) 나/ **вы** [인칭대명사] (영어 you) 당신

연습문제

1. 다음의 대화를 완성시키시오.

1)

— Кто э́то?

— Это ____ .

— А кто он?

— Он ____ .

2)

— Это Анто́н?

— Нет, ____ .

— А э́то кто?

— Это ____ .
— Он студе́нт?
— Нет, ____ .

3)
— Что́ э́то?
— Э́то ____ .
— А э́то?
— Э́то ____ .
— Э́то центр?
— Да, э́то ____ .

2. 다음의 텍스트를 번역하시오.

Это Анто́н. Он студе́нт. Он ру́сский. Это Светла́на Ива́новна. Она́ преподава́тель. Она́ то́же ру́сская.

Там Мин Хо. Он коре́ец. Он не студе́нт, а аспира́нт. Здесь Алексе́й и Ле́на. Алексе́й — студе́нт, а Ле́на — аспира́нтка.

☞ ру́сский 러시아남자/ Светла́на Ива́новна (여자이름+부칭)/ преподава́тель 대학교원/ ру́сская 러시아여자/ там 저기에/ коре́ец 한국남자/ аспира́нт 남자대학원생/ здесь 여기에/ Алексе́й (남자이름)/ а (대조) ~이고, ~이지만/ Ле́на (여자이름)/ аспира́нтка 여자대학원생

Уро́к 2

1. 인칭대명사

말하는 사람을 1인칭, 말상대를 2인칭이라고 부른다. 그리고 그 어느 쪽도 아닌 제3자를 3인칭이라고 한다. 이와 같은 관계를 나타내는 대명사를 인칭대명사라고 한다. 각각 단수와 복수의 구별이 있다.

	단 수	복 수
1인칭	**я** 나	**мы** 우리들
2인칭	**ты** 너	**вы*** 너희들, 당신(들)
3인칭	**он** 그 남자 **она́** 그 여자 **оно́** 그 것	**они́** 그 사람(것)들

* 인칭대명사 **вы**는 1명의 말상대에 대해서도 사용할 수 있다. 이 경우는, 상대가 가깝지 않은 사이, 손윗사람, 지위가 높은 사람인 경우이다. 이에 반해, 2인칭 · 단수 **ты**는 가족끼리, 가까운 사이에서 그리고 손아래 사람에 대하여 사용한다.

2. 명사의 性

러시아어의 명사의 카테고리에는 性이 있다. 性에는 남성 · 여성 · 중성의 3性이 있다. 명사는 이 3性 중의 어느 하나에 속한다. 명사의 性은 원칙적으로 생물의 性과 일치하지만, 무생물을 가리키는 명사는 문법상의 性을 가지고 있다. 이 경우에, 명사의 性은 단어 마지막 문자에 의해 구별할 수 있다.

	마지막 문자
남성	자음, **й, ь**
여성	**а, я, ь**
중성	**о, е**

남 성		여 성		중 성	
자음	студе́нт	а	газе́та	о	письмо́
й	музе́й	я	семья́	е	мо́ре
ь	слова́рь	ь	тетра́дь		

① -ь로 끝나는 명사는 남성도 있고, 여성도 있다. 따라서 -ь로 끝나는 명사의 性은 암기하여야 한다.

② -а, -я로 끝나는 명사라 할지라도 자연성이 남성이면 남성명사가 된다.
예: па́па 아버지, де́душка 할아버지, дя́дя 삼촌, мужчи́на 남자

☞ музе́й 박물관/ слова́рь 男 사전/ газе́та 신문/ семья́ 가족/ тетра́дь 女 공책/ письмо́ 편지/ мо́ре 바다

3. 명사의 數

명사는 단수의 사람 또는 물건을 가리키는 단수형과 복수의 사람 또는 물건을 가리키는 복수형이 있나. 복수형은 어미가 변화한다. 복수형은 단수형명사의 마지막 문자에 따라 서로 다른 복수어미를 갖는다. 복수형의 변화를 나타내면 다음과 같다.

	단수형의 마지막 문자	복수형어미
남성 여성	자음, а	ы
	й, ь, я	и
중성	о	а
	е	я

студе́нт 대학생 → студе́нты
газе́та 신문 → газе́ты
музе́й 박물관 → музе́и
слова́рь 사전 → словари́
тетра́дь 노오트 → тетра́ди

се́мья 가족 → се́мьи
аудито́рия 강의실 → аудито́рии
письмо́ 편지 → пи́сьма
мо́ре 바다 → моря́
общежи́тие 기숙사 → общежи́тия

4. 복수형이 불규칙인 명사

① 일부의 남성명사는 복수어미로 -á를 취한다. 이 경우에는 반드시 어미에 악센트가 놓인다.

го́род 도시 → города́
дом 집, (주거용)건물 → дома́
бе́рег 해안, 연안 → берега́
лес 숲 → леса́
глаз (사람의)눈 → глаза́

② 일부의 남성명사 및 중성명사는 복수어미로 -ья를 취한다.

друг 친구 → друзья́
брат 형, 오빠, 남동생 → бра́тья
сын 아들 → сыновья́
де́рево 나무 → дере́вья
стул 의자 → сту́лья

③ 사용빈도가 높은 명사들 중에는 단수형과 복수형이 완전히 다른 것이 일부 있다.

ребёнок 어린아이 → де́ти
челове́к 사람 → лю́ди

④ 그 이외의 불규칙명사

сосе́д 이웃사람 → сосе́ди

я́блоко 사과 → я́блоки

연습문제

1. 보기와 같이 주어진 명사를 인칭대명사로 바꾸시오.

> 보기: студе́нт → он.
> студе́нтка → она́

(1) го́род
(2) кни́га
(3) мо́ре
(4) тетра́дь
(5) семья́
(6) де́душка
(7) слова́рь
(8) де́рево
(9) трамва́й

2. 보기와 같이 명사의 복수형을 쓰시오.

> 보기: Это журна́л.
> Это журна́лы.

(1) Это студе́нт.
(2) Это трамва́й.

(3) Это тетра́дь.

(4) Это аудито́рия.

(5) Это портфе́ль.

(6) Это письмо́.

(7) Это общежи́тие.

(8) Это слова́рь.

(9) Это студе́нтка.

(10) Это врач.

3. 2의 보기와 같이, 복수형이 불규칙인 명사의 복수형을 쓰시오.

(1) Это дом.

(2) Это го́род.

(3) Это друг.

(4) Это де́рево

(5) Это челове́к.

(6) Это ребёнок.

(7) Это сосе́д.

(8) Это я́блоко

Уро́к 3

1. 소유대명사

「나의」, 「너의」와 같은 소유 등의 의미를 나타내는 소유대명사는 그것이 관계하는 명사와 性·數에 따라 다음과 같은 語形변화를 한다. 단, 3인칭 소유대명사는 그것이 관계하는 명사의 性과 數에 관계없이, 소유자의 性과 數에 따라 형태를 달리한다.

	단 수			복 수
	남 성	여 성	중 성	3성공통
누구의?	чей?	чья?	чьё?	чьи?
나의	мой	моя́	моё	мои́
너의	твой	твоя́	твоё	твои́
그 남자의	ег[в]о			
그 여자의	её			
우리들의	наш	на́ша	на́ше	на́ши
(당신)들의	ваш	ва́ша	ва́ше	ва́ши
그 사람들의	их			

— Чей э́то дом?
— Это мой дом.
— Это наш дом .

— Чья э́то кварти́ра?
— Это моя́ кварти́ра .
— Это на́ша кварти́ра .

— Чьё э́то общежи́тие?
— Это моё общежи́тие.
— Это на́ше общежи́тие.

— Чьи э́то журна́лы?
— Это мои́ журна́лы.
— Это на́ши журна́лы.

— Кто э́то?
— Это мой друг.
— А кто он?
— Он студе́нт.

— Это твой брат?
— Нет, не брат. Это мой друг.

— Это ва́ша сестра́?
— Нет, не сестра́. Это моя́ подру́га.

Это его́ шарф.
су́мка
пальто́
журна́лы

Это её шарф.
су́мка
пальто́
журна́лы

Это их класс.
группа
общежи́тие
журна́лы

☞ дом 집, (주거용) 건물/ кварти́ра (아파트식의) 한가족의 거주구획/ общежи́тие 기숙사/ друг 남자친구/ брат 형, 오빠, 남동생/ сестра́ 누나, 언니, 여동생/ подру́га 여자친구/ шарф 머플러/ су́мка 가방, 핸드백/ пальто́ 코트/ класс (대학 이외의 학교의) 교실/ гру́ппа 그룹

2. 지시대명사

「이것은 00이다」(예를들어 Это Анто́н)의 표현에서 대명사 э́то는 00가 되는 명사의 性과 數에 관계없이 語形변화를 하지 않는다. 그러나 명사를 수식하는 지시대명사로 사용되는 경우에는 관계하는 명사의 性·數에 따라 э́тот, э́та, э́то, э́ти의 4가지 형태를 갖는다.

대명사 э́то	지시대명사 э́тот, э́та, э́то, э́ти
Это конья́к. Это ру́чка. Это́ вино́. Это ру́чки.	Этот конья́к мой, а э́то вино́ её. Этот ма́льчик —* мой сын, а э́та де́вочка — моя́ дочь.

* 부호 '—'을 러시아어로는 ти́ре라고 부른다. 러시아어는, 앞서 언급한 바와 같이, 현재 시제에서 영어의 be동사에 해당되는 연결사를 사용하지 않기 때문에 ти́ре를 사용하여 주어와 술어를 구분한다.

☞ конья́к 코냑/ мой 나의 것/ вино́ 포도주/ её 그 여자의 것/ ма́льчик 소년/ сын 아들/ а (대조) 그렇지만/ де́вочка 소녀/ дочь 딸

연습문제

1. 다음의 대화를 번역하시오.

— Ира, э́то ва́ша шко́ла?

— Да, э́то на́ша шко́ла. Вот наш спортза́л. А э́то на́ша столо́вая. Вот наш класс. Это мы. А э́то на́ша Анна Ива́новна.

— А кто э́то?

— Это мой друг, Са́ша.

— А э́то?

— Это моя́ подру́га, Ната́ша.

☞ шко́ла (초 · 중 · 고등)학교 / вот (눈앞에 있는 사람 · 사물을 가리키며) 바로 이것이 (여기가) ..이다/ спортза́л 체육관/ столо́вая 구내식당

2. 주어진 인칭대명사를 소유대명사로 고쳐 넣으시오.

(1) — Чья э́то кни́га? — Это ____ кни́га. (я)

(2) — Это ____ пальто́? — Да, э́то ____ пальто́. (вы, я)

(3) — Кто э́то? — Это ____ ба́бушка. (мы)

(4) — Чей э́то слова́рь? — Это ____ слова́рь. (я)

(5) — Чьи э́то де́ти? — Это ____ де́ти. (мы)

3. 밑선에 알맞은 소유대명사를 넣으시오.

(1) Это Ната́ша, а э́то ____ брат.

(2) Это Серге́й, а э́то ____ оте́ц.

(3) Это Анто́н и Ольга. А э́то ____ де́душка.

(4) Это Анна. А э́то ____ ма́ма и па́па.

☞ ба́бушка 할머니 / де́ти 複 아이들: ребёнок 「아이」의 복수형/ оте́ц 아버지/ де́душка 할아버지

Уро́к 4

1. 동사의 현재형

러시아어 동사의 不定形은 대부분 어미 **-ть**로 끝난다. **-ть**는 현재시제에서 인칭과 數에 따라 서로 다른 어미를 취한다. 러시아어의 동사는 현재시제의 어미형태에 따라 크게 1식변화동사와 2식변화동사로 구분된다. 1식변화동사는 不定形이 주로 **-ать, -ять**의 형태의 동사들이고, 2식변화동사는 주로 **-ить, -еть**의 형태를 취하는 동사들이다.

인 칭	1식변화어미	2식변화어미
я	-ю	-ю
ты	-ешь	-ишь
он/она́	-ет	-ит
мы	-ем	-им
вы	-ете	-ите
они́	-ют	-ят

(1) 1식변화동사 **чита́ть**「읽다, 독서하다」의 현재형

я	чита́ю	мы	чита́ем
ты	чита́ешь	вы	чита́ете
он/она́	чита́ет	они́	чита́ют

(2) 2식변화동사 **говори́ть**「말하다」의 현재형

я	говорю́	мы	говори́м
ты	говори́шь	вы	говори́те
он/она́	говори́т	они́	говоря́т

● 1식변화동사들 중에는 다음과 같은 동사들이 있다.

де́лать (동작)하다; 만들다	**знать** 알다
ду́мать 생각하다	**изуча́ть** 공부 · 연구하다
понима́ть 이해하다	**гуля́ть** 산책하다
отдыха́ть 쉬다	**объясня́ть** 설명하다

● 2식변화동사들 중에는 다음과 같은 동사들이 있다.

звони́ть 전화를 걸다	**смотре́ть** 보다
люби́ть 좋아하다, 사랑하다	**стоя́ть** 서 있다

— Что он де́лает?
— Чита́ет текст.
— Он понима́ет э́тот текст?
— Ду́маю, да.

— Ива́н, что ты де́лаешь?
— Отдыха́ю.
— А твоя́ сестра́?
— А она́ смо́трит телеви́зор.

— Мин Су хорошо́ говори́т по-ру́сски?
— Да, хорошо́.
— А по-англи́йски?
— То́же хорошо́.

☞ **и** [강세조사] (바로 뒤에 있는 단어를 강조한다)~도 / **текст** 본문/ **телеви́зор** 텔레비전/ **хорошо́** 잘, 훌륭하게/ **по-ру́сски** 러시아어로/ **по-англи́йски** 영어로

● 악센트가 어간으로 이동하는 동사

смотре́ть 「보다」는 2식변화동사이지만, **говори́ть**와는 달리, 현재변화에서 악센트는 단수 · 1인칭을 제외하고는 모두 어간으로 이동한다.

я ты он/она́	смотрю́ смо́тришь смо́трит	мы вы они́	смо́трим смо́трите смо́трят

● 단수 · 1인칭 어미가 **-лю**로 끝나는 **-ить**형 동사

	гото́вить 준비하다	люби́ть 좋아하다	купи́ть 사다
я	гото́влю	люблю́	куплю́
ты	гото́вишь	лю́бишь	ку́пишь
он/она́	гото́вит	лю́бит	ку́пит
мы	гото́вим	лю́бим	ку́пим
вы	гото́вите	лю́бите	ку́пите
они́	гото́вят	лю́бят	ку́пят

— Вы лю́бите спорт?
— Очень люблю́. А вы?
— Я то́же люблю́.

— Анна, что ты де́лаешь?
— Гото́влю обе́д.

☞ спорт 스포츠/ о́чень 매우, 대단히 / обе́д 점심, 식사

● 어간의 자음이 교체하는 불규칙동사

писáть 「쓰다」는 기본적으로 제1식변화의 어미를 갖지만, 현재어간은 제1식변화와는 달리 **пиш-**로 된다. 악센트는 단수 · 1인칭을 제외하면 모두 어간으로 이동한다. 단수 1인칭과 복수 3인칭에서 어미가 **-ю, -ют**가 아니고, **-у, -ут**로 된 것은 맞춤법 때문이다.

писáть 쓰다			
я ты он/онá	пишý пи́шешь пи́шет	мы вы они́	пи́шем пи́шете пи́шут

— Где Мин Су?

— Он дóма. Пи́шет письмó. Он чáсто пи́шет пи́сьма домóй.

☞ **где?** 어디에?/ **дóма** 집에(서)/ **чáсто** 자주/ **домóй** 집으로

2. говорю́ по-рýсски 그러나 знáю рýсский язы́к

「러시아어로 말하다 · 읽다 · 이해하다」의 표현은 **говори́ть · читáть · понимáть**와 함께 부사인 **по-рýсски**를 사용한다. 그러나 「러시아어를 알다 · 공부하다」의 경우는 **знать·изучáть**가 명사를 필요로 하기 때문에 **рýсский язы́к**라는 보어가 온다.

Я	говорю́ читáю понимáю	по-рýсски, по-англи́йски
Я	знáю изучáю	рýсский язы́к (англи́йский язы́к)

☞ **рýсский** 러시아(인)의/ **язы́к** 언어/ **англи́йский** 영국(인)의

연습문제

1. 주어진 동사를 알맞게 인칭변화시키시오.

(1) Они́ хорошо́ ____ по-ру́сски. (говори́ть)
(2) Вы ____ по-ру́сски? (понима́ть)
(3) Преподава́тель ____ уро́ки. (объясня́ть)
(4) — Что ты ____? — ____ телеви́зор. (де́лать, смотре́ть)
(5) Ма́ма ____ обе́д. (гото́вить)
(6) Я ____ письмо́. (писа́ть)
(7) Я ____ спорт. (люби́ть)

2. 보기와 같이 질문에 대답하시오.

보기: — Кто чита́ет текст? — Анна чита́ет текст.

(1) Кто говори́т по-ру́сски? (они́)
(2) Кто хорошо́ говори́т по-ру́сски? (вы)
(3) Кто сейча́с говори́т по-ру́сски? (мы)
(4) Кто изуча́ет англи́йский язы́к? (он)
(5) Кто сейча́с повторя́ет текст? (они́)
(6) Кто зна́ет диало́г? (я)
(7) Кто хорошо́ зна́ет диало́г? (студе́нт и студе́нтка)
(8) Кто хорошо́ чита́ет текст? (Анна и Па́вел)

☞ уро́к 複 숙제, 과제/ сейча́с 지금/ англи́йский язы́к 영어/ повторя́ть 1 반복하다/ диало́г 대화

Уро́к 5

1. 명사의 格변화

러시아어의 명사는 대부분 2개의 부분으로 구분되어 있다. 하나는 의미를 나타내는 부분이고, 또 다른 하나는 문장 속에서의 다른 요소와의 관계를 나타내는 부분이다. 후자는 단어의 끝에서 표시가 되어 역할이 바뀔 때마다 변화한다. 이것을 語形변화라고 한다. 이 변화하는 부분을 어미라고 하고, 변화하지 않고 공통으로 나타나는 부분을 어간이라고 한다. 러시아어는 語形변화에 의해 格을 표시한다. 러시아어에는 6가지의 格이 있다. 이것이 단수와 복수로 구분되어 있어, 하나의 명사의 6格에 따른 변화형은 12語가 된다.

러시아어에서 格은 습관상 「주격」,「속격」,「여격」,「대격」,「조격」,「전치격」의 순서로 나열한다. 순서대로 1격, 2격, 3격... 으로도 표기한다. 우리말은 格을 조사에 의해서 나타낸다. 러시아어의 6格이 나타내는 의미를 우리말과 대조하면 대충 「는(가)」,「의」,「에게」,「을(를)」,「로」,「에서」에 해당된다.

주 격(1격) : 주어가 된다(나무가 자란다).
속 격(2격) : 소유, 소속을 나타낸다(학생의 책).
여 격(3격) : 간접목적을 나타낸다(학생에게 질문하다).
대 격(4격) : 직접목적을 나타낸다(책을 읽는다).
조 격(5격) : 도구 · 수단을 나타낸다(연필로 쓴다).
전치격(6격) : 전치사와 함께 위치 · 장소를 나타낸다.(학교에서 공부한다)

2. 명사의 단수 · 대격어미

타동사의 직접목적어를 대격(목적격이라고 부르기 한다)이라고 한다. 명사 단수의 대격어미는 사람 · 동물 이외의 대상을 가리키는 남성명사, 그리고 중성명사 및 **-ь**로 끝나는 여성명사의 경우는 주격과 동일하다. 그러나 어미가 **-а**와 **-я**인 여성명사는 대격에서 각각 **-у**와 **-ю**로 변화한다.

	주 격	대 격	
		대격형	어 미
남성	журна́л музе́й слова́рь	журна́л музе́й слова́рь	주격과 동일
중성	письмо́ мо́ре	письмо́ мо́ре	주격과 동일
여성	тетра́дь мать дочь	тетра́дь мать дочь	주격과 동일
여성	му́зыка па́па	му́зыку па́пу*	-у
여성	семья́	семью́	-ю

* а, я로 끝나는 약간의 남성명사(па́па, дя́дя 등)는 -а, -я로 끝나는 여성명사와 동일하게 변화한다.

3. 타동사의 직접목적어를 나타내는 대격

— Мин Су, вы слу́шаете «Но́вость»?
— Слу́шаю.
— А вы всё понима́ете?
— Коне́чно не всё.

— Мин Су, что ты де́лаешь?
— Чита́ю ру́сский журна́л.
— Всё понима́ешь?
— Нет, не всё, я ещё пло́хо понима́ю по-ру́сски.

— Вы лю́бите му́зыку?
— Очень люблю́. А вы?
— Я то́же люблю́.

— Почему́ вы не слу́шаете ра́дио?
— Потому́ что я пло́хо понима́ю по-ру́сски.

— Что ты де́лаешь?
— Смотрю́ телеви́зор.
— Ты смо́тришь телеви́зор?
— Да, потому́ что я уже́ немно́го понима́ю по-ру́сски.

☞ слу́шать 1 듣다/ но́вость 女 뉴스/ всё 전부/ коне́ч[ш]но 물론/ ру́сский журна́л 러시아잡지/ ещё 아직/ пло́хо 서툴게/ му́зыка 음악/ почему́? 왜?/ ра́дио 라디오/ потому́ что 왜냐하면/ уже́ 이미, 벌써/ немно́го 조금

4. 인칭대명사의 대격

주 격	대 격	
я	меня́	나를
ты	тебя́	너를
он/оно́	ег[в]о́	그 사람을, 그것을
она́	её	그 여자를
мы	нас	우리들을
вы	вас	당신(들)을, 너희들을
они́	их	그 사람들을

5. 이름을 묻는 표현 「Как вас зову́т? 이름이 어떻게 됩니까?」

사람의 이름을 묻는 표현 「Как вас зову́т?」의 구문에서 주어는 없고, 동사는 **звать**「부르다」의 복수 · 3인칭형을 사용하고 있다. 구문을 직역한다면 「(사람들은) 당신을 어떻게(**как**?) 부릅니까?」가 된다. 주어를 사용하지 않고 동사를 3인칭 · 복수형으로 사용하는 구문은 주어가 중요하지 않을 때 사용하는 표현이다. 이러한 구문을 「不定인칭문」이라고 한다. 「不定인칭문」에 관해서는 18課에서 설명하기로 한다.

● 불규칙 현재형을 갖는 동사

звать 부르다			
я ты он/она́	зову́ зовёшь зовёт	мы вы они́	зовём зовёте зову́т

— Меня́ зову́т Юра.
— А вас? (А как вас зову́т?)
— Ната́ша.

— Как вас зову́т?
— Меня́ зову́т Андре́й.
— Как зову́т его́ сестру́?
— Её (Его́ сестру́) зову́т Ни́на.

☞ друг 남자친구/ как? 어떻게?/ ег[в]о́ [소유대명사]그 사람(남자)의

● 러시아인의 이름

러시아인의 정식이름은 「이름+부칭+姓」의 3가지 요소로 이루어져 있다. 그러나 이 요소들이 함께 사용되는 경우는 극히 드물고, 보통 경의를 표하는 경우는 「이름+부칭」(**Ива́н Петро́вич, Анна Никола́евна**)을 사용하고, 가깝고 친한 사람에게는 이름만 (**Никола́й, Алекса́ндр, Татья́на, Мари́я**)을 사용한다.

그러나 이름을 대신하여 이름의 애칭(Ко́ля, Са́ша, Та́ня, Ма́ша)을 사용하는 경우도 종종 있다.

연습문제

1. 보기와 같이 밑선에 인칭대명사의 대격을 넣으시오.

> 보기: Это преподава́тель.
> Мы хорошо́ понима́ем его́.

(1) Это Макси́м. Мы хорошо́ зна́ем ____ .
(2) Это Анна. Преподава́тель спра́шивает ____ .
(3) Это Андре́й и Ната́ша. Мы зна́ем ____ .
(4) Это иностра́нец. Я не понима́ю ____ .
(5) Это вы. Я не зна́ю ____ .
(6) Это я. Вы хорошо́ зна́ете ____ .
(7) Это студе́нт. Как ____ зову́т?

2. 보기와 같이 밑선에 명사의 대격을 넣으시오.

> 보기: Это кни́га.
> Я чита́ю кни́гу.

(1) Это письмо́. Ле́на чита́ет ____ .
(2) Это журна́л. Он покупа́ет ____ .
(3) Это му́зыка. Я люблю́ ____ .
(4) Это тетра́дь. Я чита́ю ____ .
(5) Это пе́сня. Мы слу́шаем ____ .
(6) Это степе́ндия. Вы получа́ете ____ ?

☞ спра́шивать 1 물어보다/ покупа́ть 1 사다/ иностра́нец 남자외국인/ пе́сня 노래/ степе́ндия 장학금/ получа́ть 1 받다

Уро́к 6

1. 명사의 단수 · 전치격어미

러시아어의 전치격은 주로 전치사 **в**(「..속에」) 또는 **на**(「..위에」)와 함께 사용되어 위치 · 장소를 나타낸다. 명사의 단수 · 전치격어미는 주로 **-е**이다. 남성 · 여성 · 중성명사의 어간에 어미 **-е**가 붙는다. 단, **-ь**로 끝나는 여성명사의 어미는 **-и**가 되고, **-ий**, **-ия**, **-ие**로 끝나는 명사는 **-ии**가 된다.

	주 격	전치격	어미
남성	журна́л	в журна́ле	-е
	музе́й	в музе́е	
	слова́рь	в словаре́	
중성	письмо́	в письме́	
	мо́ре	на мо́ре	
여성	шко́ла	в шко́ле	
	семья́	в семье́	
	пло́щадь	на пло́щади	-и
남성	санато́рий	в санато́рии	-ии
여성	аудито́рия	в аудито́рии	
중성	общежи́тие	в общежи́тии	

2. 전치격의 용법

(1) 물건의 위치를 나타내는 전치격

전치사 **в** 또는 **на**와 함께 명사의 전치격을 사용하여 물건이 놓인 위치 및 동작이 일어나는 장소를 나타낸다. 전치사 **в**(영어 in)는 기본적으로 「~속에」의 의미이고, **на**(영어 on)는 「~위에」의 의미이다.

— Где ваш уче́бник?
— В столе́. (책상 속에(서랍 속에))
— А тетра́дь?
— На столе́. (책상 위에)

— Мин Су, ты не зна́ешь, где мой слова́рь?
— В столе́.
— Спаси́бо.

☞ **семья́** 가족/ **пло́щадь** [女] 광장/ **санато́рий** 요양소/ **аудито́рия** (대학의) 강의실/ **где?** 어디에?/ **стол** 책상/ **уче́бник** 교과서/ **спаси́бо** 고맙습니다

(2) 동작의 장소를 나타내는 전치격

전치사 **в** 또는 **на**와 명사의 전치격의 사용은 동작이 일어나는 장소도 나타낸다. 단, 이 경우에, **в** 또는 **на**의 선택은 같이 사용하는 명사에 의해 결정된다. 따라서 **в**와 **на**의 어느 한쪽의 선택은 명사에 따라 별도로 암기하여야 한다. 사용빈도가 높은 몇 개만을 예로 들면, 다음과 같다.

где? 어디에?	
в를 필요로 하는 명사	**на**를 필요로 하는 명사
в университе́те 대학에서	на уро́ке 수업에서
в го́роде 도시에서	на конце́рте 음악회에서
в теа́тре 극장에서	на стадио́не 스타디움에서
в магази́не 대형상점에서	на рабо́те 직장에서
в библиоте́ке 도서관에서	на у́лице 거리에서
в аудито́рии 강의실에서	на выставке 전람회에서
в кла́ссе 교실에서	на ста́нции 지하철역에서
в общежи́тии 기숙사에서	на экску́рсии 견학에서

1) 위치 · 장소표현의 전치격은 다음과 같은 동사들과 함께 사용된다:

рабо́тать 1「일하다」, **отдыха́ть** 1「쉬다」, **гуля́ть** 1「산책하다」, **жить**「살다」, **за́втракать** 1「아침먹다」, **обе́дать** 1「점심먹다」, **у́жинать** 1「저녁먹다」, **лежа́ть**「놓여있다」, **стоя́ть**「서 있다」, **висе́ть**「걸려있다」

— Где вы рабо́таете?
— Я рабо́таю в больни́це. Я врач. А вы?
— Я рабо́таю в университе́те. Я преподава́тель.

Утром Ната́ша за́втракает. Она́ за́втракает в буфе́те.
Днём она́ обе́дает. Она́ обе́дает в кафе́.
Ве́чером она́ у́жинает. Она́ у́жинает до́ма.

☞ больни́ца 병원/ врач 의사/ преподава́тель 男 (중등 · 고등교육기관의) 선생/ у́тром 아침에/ буфе́т 간이식당/ днём 낮에/ кафе́ 카페/ ве́чером 저녁 · 밤에

2) **в/на**와 함께 전치격 어미를 **у́**로 취하는 약간의 남성명사

주 격		전치격
сад	정원; 뜰	в саду́
лес	숲	в лесу́
бе́рег	물가, 강변, 바닷가	на берегу́
шкаф	찬장, 책장, 장롱	в шкафу́
пол	바닥	в полу́

● 현재형의 어간이 부정형의 어간과 다른 동사

жить 살다		
1	живу́	живём
2	живёшь	живёте
3	живёт	живу́т

— Здра́вствуйте!
— До́брый день!
— Как вас зову́т?
— Меня́ зову́т Ви́ктор Алексе́евич. А вас?
— Меня́ зову́т Еле́на Анто́новна.
— Очень прия́тно. Где вы живёте?
— Я живу́ в Москве́. А вы?
— Я живу́ во Владивосто́ке.
— Где вы рабо́таете?
— Я рабо́таю в университе́те. Я преподава́тель. А вы?
— Я рабо́таю в шко́ле, я учи́тельница.

☞ здра́вствуйте 안녕하세요/ до́брый день (낮인사)안녕하세요/ прия́тно 반갑습니다/ Владивосто́к (극동에 위치한 도시이름)/ учи́тельница 여자교사

3. 동사부정형에 -ся가 붙는 동사

учи́ться「배우다」와 같이, 동사부정형 뒤에 **-ся**가 붙은 동사를 편이상 「**-ся**동사」라고 부른다. **-ся**동사의 변화는 **-ся**를 제외한 형태, 즉, **учи́ть**의 변화형 뒤에 **-ся**를 붙이면 된다. 단 **-ся**는 모음 뒤에서는 **-сь**로 바뀐다.

учи́ться**2 배우다		
1	учу́сь*	у́чимся
2	у́чишься	у́читесь
3	у́чится**	у́чатся*

* 단수 · 1인칭의 어미에서 **-ю**가 아니고 **-у**로 되고, 또한 복수 · 3인칭에서 **-ят**가 아니고 **-ат**로 된 것은 맞춤법 때문이다.
** 부정형의 **-ться**와 단수 및 복수 · 3인칭의 **-тся**의 발음은 [ца]이다.

— Дава́йте познако́мимся. Меня́ зову́т Вади́м. А вас?
— Меня́ зову́т Ири́на.
— Очень прия́тно, Ири́на. Вы рабо́таете и́ли у́читесь?
— Я учу́сь в университе́те, изуча́ю исто́рию. А вы?
— Я рабо́таю на заво́де, я инжене́р.
— Вы живёте в Москве́?
— Да. Вы то́же живёте в Москве́?
— Я учу́сь в Москве́, а мои́ роди́тели живу́т в Петербу́рге.

☞ дава́йте познако́мимся (인사말) 만나서 반갑습니다/ и́ли 또는/ исто́рия 역사/ заво́д (중공업)공장 · 회사/ то́же 또한/ а (대조)그리고; 그렇지만

연습문제

1. 주어진 단어를 이용하여 아래의 텍스트를 읽고, 물음에 답하시오.

Меня́ зову́т Мин Су. Я студе́нт. Я живу́ в Москве́. Я учу́сь в университе́те. Сейча́с я сижу́ на уро́ке. На столе́ лежа́т на́ши кни́ги, ру́чки, тетра́ди. На стене́ виси́т доска́. Преподава́тель пи́шет на доске́, а мы пи́шем в тетра́ди. Пото́м преподава́тель чита́ет текст. Я понима́ю не все слова́ в те́ксте. Я смотрю́ но́вые слова́ в словаре́. Днём я обе́даю в кафе́. По́сле обе́да я отдыха́ю, а пото́м гото́влю уро́ки. Иногда́ я гото́влю уро́ки в библиоте́ке, а иногда́ до́ма.

☞ сиде́ть -жу́, -ди́шь... -дя́т ①앉아있다 ②(어떤 장소나 상태에)있다/ лежа́ть, -жу́, -жи́шь... -жа́т 놓여있다/ ру́чка 펜/ стена́ 벽/ висе́ть, -си́т.. -ся́т 걸려있다/ доска́ 칠판/ пото́м 그 다음에/ все 모든/ сло́во 단어/ по́сле обе́да 점심식사 후에/ уро́к 複 숙제/ иногда́ 가끔

(1) Где живёт Мин Су?
(2) Кто он?
(3) Где он у́чится?
(4) Где он сейча́с?
(5) Где лежа́т кни́ги, ру́чки, тетра́ди?
(6) Где виси́т доска́?
(7) Где пи́шут преподава́тель и студе́нты?
(8) Где обе́дает Мин Су?
(9) Что он де́лает по́сле обе́да?
(10) Где он гото́вит уро́ки?

2. 주어진 단어와 전치사 в 또는 на를 사용하여 문장을 완성시키시오.

(1) Анна рабо́тает ____ . (институ́т)
(2) Карти́на виси́т ____ . (стена́)
(3) Мы сиди́м ____ . (ко́мната)
(4) Письмо́ лежи́т ____ . (па́пка)
(5) Мы живём ____ . (Москва́)
(6) Студе́нты у́чатся ____ . (университе́т)
(7) Па́па гуля́ет ____ . (сад)
(8) Мы отдыха́ем ____ . (лес)

☞ карти́на 그림/ ко́мната 방/ рабо́та 직장/ па́пка 화일

Уро́к 7

1. 전치사 o+전치격

「~에 관하여」의 의미를 갖는 전치사 **o**는 화제의 대상이 되는 명사를 전치격으로 요구한다. 이 전치사는 주로 생각 · 말 등의 의미를 갖는 동사들과 함께 사용된다.

	동 사	о чём? о ком?
Он	ду́мает говори́т расска́зывает пи́шет спра́шивает	о семье́ о ма́ме о сестре́ о бра́те о ро́дине об отце́* об экза́мене

* 전치사 **o**는 모음 앞에서 **об**가 된다. 또한 어미가 **-ец, -ок**로 끝나는 명사는 格변화할 때, **o** 또는 **e**는 탈락한다: **оте́ц → об отце́**

☞ **о чём?** 무엇에 관하여?/ **о ком?** 누구에 관하여?/ **расска́зывать** 1 이야기를 들려주다/ **семья́** 가족/ **ро́дина** 고향, 모국/ **оте́ц** 아버지/ **экза́мен** 시험

— О чём они́ говоря́т сейча́с?
— Они́ говоря́т о Москве́.

— О ком он ду́мает?
— О бра́те. (Он ду́мает о бра́те.)

В письме́ брат пи́шет о семье́.
Она́ расска́зывает об институ́те.

2. 인칭대명사의 전치격

주 격	대 격
я	обо мне*
ты	о тебе́
он/оно́	о нег[в]о́
она́	о ней
мы	о нас
вы	о вас
они́	о них

* 전치사 о는 мне 앞에서 обо가 된다. 또한 он/ оно́, она́, они́의 전치격은 모음으로 시작하는 его́, ей, их이다. 이것이 전치사 о와 함께 사용될 때는 그 앞에 н-이 붙는다.

Наве́рное, они́ говоря́т обо мне.
О нём мно́го говоря́т.
Почему́ ты спра́шиваешь о ней?

☞ наве́рное (삽입어)아마도, 틀림없이/ мно́го 많이, 많게

3. 보조동사 мочь, хоте́ть, люби́ть

동사 мочь「~할 수 있다」, хоте́ть「~하고 싶다」, люби́ть「~하는 것을 좋아하다」는 동사부정형과 함께 사용할 수 있다. 이러한 동사들을 보통 보조동사라고 부른다. мочь와 хоте́ть는 다음과 같은 불규칙 현재형을 갖는다.

	мочь	хоте́ть
я	могу́	хочу́
ты	мо́жешь	хо́чешь
он/она́	мо́жет	хо́чет

	мочь	хоте́ть
мы вы они́	мо́жем мо́жете мо́гут	хоти́м хоти́те хотя́т

4. 보조동사의 용법

(1) **мочь**는 가능 「~할 수 있다」, 허가 「~해도 좋다」, 가능성 「~일지도 모른다」 등의 의미를 나타낸다.

Здесь вы мо́жете говори́ть по-ру́сски. Все понима́ют.
Сего́дня он не мо́жет чита́ть ле́кцию.

— Вы мо́жете пригласи́ть их?
— Нет, не могу́.

(2) **хоте́ть**는 명사가 뒤에 와서 「~을 원하다」의 의미로 사용되지만, 부정사와 함께 사용되는 경우에는 「~하고 싶다」의 의미로 사용된다.

— Что ты хо́чешь купи́ть?
— Я хочу́ купи́ть фру́кты.

Он говори́т, что он хо́чет учи́ться в Москве́.
Я не хочу́ чита́ть э́тот журна́л.

(3) **люби́ть**는 명사가 뒤에 오면 「~을 좋아한다」의 의미로 사용되지만, 부정사와 함께 사용하면, 「~하는 것을 좋아한다」의 의미로 사용된다.

— Вы лю́бите чита́ть?
— Коне́чно, люблю́.

Ма́рта мно́го чита́ет, потому́ что она́ о́чень лю́бит чита́ть. А её подру́га Мари́на о́чень лю́бит смотре́ть телеви́зор. О на́ лю- бит смотре́ть фи́льмы.

☞ ле́кция 강의, 강연; чита́ть ле́кцию 강의하다/ все 모두(들)/ пригласи́ть 초대하다/ фру́кты 複 과일/ что [접속사](영어 that) ~라는 것/ фильм 영화

연습문제

1. 주어진 명사의 알맞은 형태를 넣으시오.

(1) В письме́ брат пи́шет ____ . (семья́)
(2) Он лю́бит говори́ть ____ . (литерату́ра)
(3) Сейча́с студе́нты ду́мают ____ . (экза́мен)
(4) Я люблю́ чита́ть ____ . (ко́смос)

2. 인칭대명사를 넣으시오.

(1) Моя́ сестра́ живёт в Москве́. Я ча́сто ду́маю ____ .
(2) Ваш друг у́чится в Москве́. Вы вспомина́ете ____ ?
(3) Я зна́ю, что мои́ роди́тели ду́мают ____ .
(4) Ско́ро экза́мены. На уро́ке мы говори́м ____ .

3. 동사 мочь의 알맞은 형태를 넣으시오.

(1) Она́ ещё не ____ чита́ть кни́ги по-ру́сски.
(2) Вы ____ показа́ть э́тот журна́л?
(3) — Ты ____ рабо́тать сего́дня ве́чером?
— Да, ____ .

4. 동사 хоте́ть의 알맞은 형태를 넣으시오.

(1) Я ____ хорошо́ говори́ть по-ру́сски.
(2) Ты ____ слу́шать му́зыку?
(3) Эта студе́нтка ____ рабо́тать в шко́ле.
(4) Мы ____ знать ру́сский язы́к.

5. 동사 люби́ть의 알맞은 형태를 넣으시오.

(1) Я ____ чита́ть.
(2) Вы ____ получа́ть пи́сьма?
(3) Они́ не ____ рабо́тать ве́чером.
(4) Он не ____ писа́ть пи́сьма.

☞ литерату́ра 문학/ ко́смос 우주/ вспомина́ть 1 회상하다/ ско́ро 곧

Уро́к 8

형용사

형용사의 주요한 기능 중의 하나는 명사를 수식하는 것이다. 따라서 형용사는 명사의 性 · 數에 따라 어미의 모양을 서로 달리한다.

형용사는 기본형(남성형)의 어미가 **-ый** (악센트가 어미에 있으면 **-о́й**)인 것과 **-ий**인 것이 있다. 전자를 경변화형용사, 후자를 연변화형용사라고 부른다. 이들은 각각 관계하는 명사의 性 · 數에 따라 4가지의 형태를 갖는다.

	남 성	여 성	중 성	복 수
경변화형용사어미	-ый(-о́й)	-ая	-ое	-ые
연변화형용사어미	-ий	-яя	-ее	-ие

	남 성	여 성	중 성	복 수
어떤?	како́й? 어떤?	кака́я?	како́е?	каки́е?
경변화 형용사	но́вый 새로운	но́вая	но́вое	но́вые
	молодо́й 젊은	молода́я	молодо́е	молоды́е
연변화	си́ний 청색의	си́няя	си́нее	си́ние

(1) **но́вый**형 형용사와 **си́ний**형 형용사

이와 같이 **-ый(-о́й), -ая, -ое, -ые**의 어미를 갖는 형용사를 **но́вый**형 형용사라고 부르고, **-ий, -яя, -ее, -ие**의 어미를 갖는 것을 **си́ний**형 형용사라고 부르기로 한다. **но́вый**형 형용사에는 **кра́сный** 「흥미있는」, **краси́вый** 「아름다운」, **ста́рый** 「낡은」, **тёплый** 「따뜻한」, **голубо́й***

「하늘색의」 등의 많은 형용사가 여기에 속한다. 한편, **си́ний**형 형용사로는 **сосе́дний** 「이웃의」, **после́дний** 「마지막의」, **ле́тний** 「여름(용)의」, **дома́шний** 「가정의」 등의 형용사가 있다. **си́ний**형 형용사의 특징은 어간의 마지막 자음이 **-н**이다. **-н**이 아니면 **си́ний**형 형용사가 아니다.

* 악센트가 어미에 있으면, 남성형어미는 **-ый**가 아니고, **-ой**로 된다.

(2) ру́сский형 형용사

앞에서 언급하였듯이, 러시아어의 형용사에는 **но́вый**형의 경변화어미와 **си́ний**형의 연변화어미가 2가지의 기본형태이다. 그러나 경변화어미가 맞춤법에 의해 일부의 경모음이 다른 모음으로 교체되어 어미형이 **но́вый**형과는 약간 다른 형용사들이 있다. 이러한 형용사들을 **ру́сский**형 형용사라고 부른다. **ру́сский**형 형용사들의 어미는 다음과 같다.

남 성	여 성	중 성	복 수
ру́сский 러시아의 плохо́й 서투른; 나쁜	ру́сская плоха́я	ру́сское плохо́е	ру́сские плохи́е

ру́сский형 형용사는 **-ий(-о́й), -ая, -ое, -ие**의 어미를 갖는다. **но́вый**형 형용사와 비교해 보면, 남성형에서 **-ый**가 **-ий**로, 복수형에서 **-ые**가 **-ие**로 교체되어 있다. 이것은 맞춤법때문이다. 즉, **к**뒤에서 **ы**는 **и**로 바뀐다. 악센트가 어미에 있는 **плохо́й**는 복수형에서 **-ие**로 되어 있다.

ру́сский형으로는 **ма́ленький** 「작은」, **высо́кий** 「높은」, **стро́гий** 「엄격한」, **ти́хий** 「조용한」, **друго́й** 「다른」 등의 형용사가 있다.

(3) большо́й형 형용사와 хоро́ший형 형용사

어간의 마지막 자음이 「쉬」音(**ш, ж, ч, щ**)인 형용사는 악센트의 위치에 따라서 경변화어미와 연변화어미로 구분된다. 즉, 악센트가 어미에 있으면, 경변화어미를 취하고, 악센트가 어간에 있으면, 연변화어미를 취한다. 전자의 경우를 **большо́й**형 형용사라고 하고, 후자의 경우를 **хоро́ший**형 형용사라고 한다. 이 2가지 유형의 어미를 비교하면 다음과 같다.

남 성	여 성	중 성	복 수
большо́й 커다란 хоро́ший 훌륭한	больша́я хоро́шая	большо́е хоро́шее	больши́е хоро́шие

большо́й형 형용사는 **-о́й, -а́я, -о́е, -и́е**의 어미를 갖는다. 기본적으로 경변화형용사의 어미이다. 단, 복수형이 **-ые**가 아니고, **-ие**로 된 것은 맞춤법 때문이다. 한편, **хоро́ший**형 형용사는 **-ий, -ая, -ее, -ие**의 어미를 갖는다. 기본적으로 연변화형용사어미를 취하고 있다. 단, 여성형이 **-яя**가 아니고, **-ая**로 된 것은 마찬가지로 맞춤법 때문이다.

большо́й형으로는 **чужо́й** 「타인의」등이 있다. **большо́й**형 형용사는 그 數가 많지 않다. **хоро́ший**형에는 **ста́рший** 「손위의」, **мла́дший** 「손아래의」, **сле́дующий** 「다음의」, **све́жий** 「신선한」, **горя́чий** 「뜨거운」, 등이 속한다.

이상의 **но́вый, си́ний, ру́сский, большо́й, хоро́ший**형의 5가지 유형의 형용사를 차례대로 1, 2, 3의 順으로 정리하면 다음과 같다.

	기본형의 특징	남성	여성	중성	복수
1	-자음*+ый(о́й)	-ый(о́й)	-ая	-ое	-ые
2	-н+ий	-ий	-яя	-ее	-ие
3	후설음(г, к, х)+ий(о́й)	-ий(о́й)	-ая	-ое	-ие
4	「쉬」音(ж, ш, ч, щ)+ о́й	-о́й	-а́я	-о́е	-и́е
5	「쉬」音(ж, ш, ч, щ)+ий	-ий	-ая	-ее	-ие

* 자음 중에서 후설음과 「쉬」音을 제외한 것

— Кто э́то?
— Э́то мой брат.
— Э́то ста́рший и́ли мла́дший брат?
— Э́то мла́дший брат.
— Он рабо́тает и́ли у́чится?
— Он у́чится в университе́те.

— Что он изуча́ет?
— Он изуча́ет англи́йский язы́к.
— Он хорошо́ говори́т по-англи́йски?
— Да, он о́чень хорошо́ говори́т по-англи́йски.

— Где вы живёте?
— Я живу́ в го́роде «Тэгу».
— Како́й э́то го́род?
— Э́то большо́й, совреме́нный го́род.

— Кака́я э́то ко́мната?
— Э́то хоро́шая, удо́бная ко́мната.

— Каки́е ко́мнаты в кварти́ре?
— В кварти́ре хоро́шие, све́тлые, тёплые ко́мнаты.

☞ како́й? 어떤?/ совреме́нный 현대적/ хоро́ший 좋은, 훌륭한/ удо́бный 편리한/ све́тлый 밝은/ тёплый 따뜻한/ ко́мната 방

연습문제

밑줄 친 곳에 주어진 형용사의 알맞은 형태를 넣으시오.

(1) ста́рый 「낡은」

_____ го́род _____ кни́га _____ пальто́ _____ журна́лы

(2) чёрный 「검은색의」

___ цвет 「色」 ___ ю́бка 「치마」 ___ пальто́ ___ ту́фли 「구두」

(3) голубо́й「하늘색의」

____ цвет ____ ю́бка ____ пальто́ ____ брю́ки「바지」

(4) сосе́дний「이웃의」

____ дом ____ ко́мната ____ окно́ ____ дома́

(5) после́дний「마지막의」

____ уро́к ____ ле́кция ____ сло́во ____ пи́сьма

(6) высо́кий「높은」

____ дом ____ гора́「山」 ____ де́рево ____ го́ры

(7) ти́хий「조용한」

____ го́род ____ у́лица ____ у́тро ____ у́лицы

(8) большо́й

____ го́род ____ кварти́ра ____ де́рево ____ города́

(9) чужо́й「타인의」

___ па́спорт「여권」 ___ кни́га ___ пальто́ ___ кни́ги

(10) хоро́ший

____ обе́д ____ пого́да「날씨」 ____ вино́ ____ стихи́

(11) ста́рший「손위의」

___ брат ___ сестра́ ___ поколе́ние「세대」 ___ сёстры

Уро́к 9

1. 동사의 과거어미

과거시제는 동사에 의해 표현한다. 과거시제는 동사부정형의 어간에 다음과 같은 어미를 붙여 만든다.

주어	과거어미
남성	-л
여성	-ла
중성	-ло
복수	-ли

동사의 과거형은 주어의 性과 數에 따라 4가지 형태를 갖는다. 과거형은 부정형의 어간(**-ть**를 제외한 형태)에 주어가 남성이면 어미 **-л,** 여성이면 **-ла,** 중성이면 **-ло,** 복수이면 **-ли**를 붙여서 만든다. **-ся**동사의 경우는 과거시제의 어미 뒤에 **-ся**를 붙인다. 단, 모음 뒤에서 **-ся**는 **-сь**로 바뀐다.

주어	чита́ть	смотре́ть	учи́ться
남성	чита́л	смотре́л	учи́лся
여성	чита́ла	смотре́ла	учи́лась
중성	чита́ло	смотре́ло	учи́лось
복수	чита́ли	смотре́ли	учи́лись

2. быть의 과거형

быть(영어의 be동사에 해당)는 현재시제에서는 보통 사용하지 않지만, 과거시제에서는 반드시 사용한다. 「~이었다」, 「있었다」의 의미 이외에도 「갔었다」, 「갔다왔다」의 의미로도 사용된다. 이 때, 주어의 性·數에 따라 다음과 같이 변화한다.

주어	быть
남성	был
여성	была́
중성	бы́ло
복수	бы́ли

когда́? 언제?	кто? 누가?		где? 어디에서?
Сейча́с	Мин Су	——	в университе́те.
Вчера́	он	был	в теа́тре.
	Анна	была́	в клу́бе.
	они́	бы́ли	в библиоте́ке.

— Что вы де́лали вчера́?
— Чита́л. (Вчера́ ве́чером я чита́л.)

— Что ты де́лала вчера́ ве́чером?
— Я занима́лась.
— Где ты занима́лась?
— В библиоте́ке. (Я занима́лась в библиоте́ке.)

— Когда́ вы де́лали дома́шнее зада́ние?
— Вчера́ ве́чером. (Я де́лал его́ вчера́ ве́чером).

— Где ты бы́л вчера́ ве́чером?
— В теа́тре. (Я был в теа́тре).

— Ма́рта, что ты де́лала вчера́?
— Я гуля́ла в па́рке. А ты, Анто́н, что де́лал?
— А я на стадио́не смотре́л футбо́л.

— Джон, ты знал Мэри ра́ньше?
— Да, знал, мы вме́сте учи́лись в шко́ле.

— Ма́рта, вы уже́ бы́ли в Кре́мле?
— Да, ле́том была́. (Нет, ещё не была́.)

☞ клуб 클럽/ вчера́ 어제/ дома́шний, -яя, -ее, ие 가정의/ зада́ние 과제; дома́шнее ~ 숙제/ парк 공원/ футбо́л 축구(경기)/ ра́ньше 전에/ вме́сте 함께/ Кремль 男 크레믈린궁/ ле́том 여름에

3. 불규칙 현재형을 갖는 동사

	есть 먹다	пить 마시다
я	ем	пью
ты	ешь	пьёшь
он/она́	ест	пьёт
мы	еди́м	пьём
вы	еди́те	пьёте
они́	едя́т	пьют

есть, пить는 앞서 6課에서 소개한 **за́втракать, обе́дать, у́жинать**와는 용법에서 차이가 있다. **за́втракать, обе́дать, у́жинать**는 자동사이다. 따라서 목적보어(대격)를 취하지 않고, 단독으로 사용되거나 장소상황어와 결합하여 사용된다. 그러나 **есть, пить**는 타동사이기 때문에 목적보어가 되는 구체적인 음식, 음료와 결합한다.

— Где ты за́втракаешь?
— В рестора́не. (Я за́втракаю в рестора́не.)

— Что ты ешь?
— Я ем бутербро́д.

— Что вы еди́те на за́втрак?
— Рис и суп. (На за́втрак мы еди́м рис и суп.)
— Лю́ба, где ты обы́чно обе́даешь?
— Я обе́даю в кафе́.
— Что ты обы́чно ешь?
— Я ем суп, рис и мя́со.
— Что ты пьёшь?
— Я пью сок.

☞ рестора́н 식당/ бутербро́д 샌드위치/ за́втрак 아침식사; на за́втрак 아침식사로/ рис 밥/ суп 국/ обы́чно 보통/ кафе́ 카페/ мя́со 고기/ сок 쥬스

4. 불규칙 과거형을 갖는 동사

주어	мочь	есть
남성	мог	ел
여성	могла́	е́ла
중성	могло́	—
복수	могли́	е́ли

연습문제

1. 내용에 맞게 동사의 현재형 또는 과거형을 넣으시오.

(1) рабо́тать

Мой оте́ц тепе́рь ____ в университе́те, а ра́ньше он ____ в институ́те.

(2) жить

Ра́ньше мы ____ в Сеу́ле, а тепе́рь ____ в го́роде «Тегу».

(3) изуча́ть

Ири́на у́чится в университе́те и ____ францу́зкий язы́к, а в шко́ле она́ .... англи́йский язы́к.

(4) у́жинать

Сейча́с мы ____ в кафе́. А вчера́ мы ____ до́ма.

(5) обе́дать, есть

Сейча́с студе́нты ___ в столо́вой, они́ ____ суп, рис, мя́со. Вчера́ они́ ____ в кафе́. Они́ ____ борщ и пельме́ни.

☞ францу́зский, -ая, -ое, -ие 프랑스의/ столо́вая [명사] (형용사변화) 구내식당: в столо́вой 구내식당에서/ борщ 보르시(스프의 일종)/ пельме́ни 뻴메니 (만두의 일종)

2. 텍스트 속의 동사를 과거형으로 고치시오.

Что мы де́лаем на уро́ке? Мы чита́ем текст. Пото́м преподава́тель спра́шивает, а мы отвеча́ем. Мин Су расска́зывает текст бы́стро и пра́вильно, он хорошо́ зна́ет слова́. Когда́ он отвеча́ет, мы слу́шаем внима́тельно. Пото́м преподава́тель объясня́ет уро́ки. Мы понима́ем, что говори́т преподава́тель. Мы пи́шем дикта́нт, говори́м по-ру́сски. Все студе́нты рабо́тают хорошо́.

☞ отвеча́ть 1 대답하다/ расска́зывать 1 이야기하다(해주다)/ бы́стро 빠르게/ пра́вильно 정확하게/ когда́ [접속사] ~할 때, ~이후에/ внима́тельно 주의깊게/ что [접속어] ~하는 것(의) / дикта́нт 받아쓰기

Уро́к 10

1. 경변화형용사의 전치격어미

경변화형용사, 즉 **но́вый**형, **ру́сский**형, **большо́й**형의 형용사는 전치격에서 남성 · 중성형은 **-ом**, 여성형은 **-ой**를 어미로 취한다.

	男 · 中		女
주 격	но́вый ру́сский большо́й	но́вое ру́сское большо́е	но́вая ру́сская больша́я
전치격	но́вом ру́сском большо́м		но́вой ру́сской большо́й

— В како́м до́ме ты живёшь?
— Я живу́ в большо́м но́вом до́ме.
— На како́м этаже́?
— На пя́том* этаже́.
— В како́й кварти́ре?
— В деся́той кварти́ре. (В кварти́ре №10.)

* **пя́тый** 「5번째의」, **деся́тый** 「10번째의」 등의 품사는 수사이지만, 형용사처럼 어형변화한다.

☞ **како́й?, -а́я, -о́е, -и́е** 어떤?/ **эта́ж** 층/ **пя́тый, -ая, -ое, -ые** 5번째의/ **деся́тый, -ая, -ое, -ые** 10번째의

2. 연변화형용사의 전치격어미

연변화형용사, 즉 **си́ний**형, **хоро́ший**형 형용사는 전치격에서 남성 · 중성형은 **-ем**, 여성형은 **-ей**를 어미로 취한다.

	男 · 中		女
주 격	си́ний хоро́ший	си́нее хоро́шее	си́няя хоро́шая
전치격	си́н**ем** хоро́ш**ем**		си́н**ей** хоро́ш**ей**

— Анто́н, о ком говори́т Вади́м?
— Он говори́т о де́вушке. Она́ живёт в сосе́днем до́ме.
— Ты зна́ешь, как её зову́т?
— Да, зна́ю. Её зову́т Све́та.
— А ты зна́ешь, где она́ у́чится?
— Она́ у́чится в медици́нском институ́те.

☞ де́вушка 젊은여자/ сосе́дний, -яя, -ее, -ие 이웃의/ медици́нский, -ая, -ое, -ые 의학의/ институт 단과대학

3. 소유대명사의 전치격어미

소유대명사는, 약간의 예외는 있지만, 연변화형용사의 어미와 같다. 전치격에서 남성 · 중성형은 **-ем**을, 여성형은 **-ей**의 어미를 갖는다. **твой, свой** 「자신의」의 변화형은 **мой**와 같다. **ваш**의 변화형은 **наш**와 같다.

	男 · 中		女
주 격	мой	моё	моя́
전치격	мо**ём**		мо**ёй**

	男 · 中		女
주 격	наш	на́ше	на́ша
전치격	на́шем		на́шей

— Ни́на, в твое́й шко́ле хоро́шие преподава́тели?

— Есть хоро́шие преподава́тели, есть и не о́чень хоро́шие.

— А в твоём кла́ссе преподава́тель же́нщина и́ли мужчи́на?

— В моём кла́ссе мужчи́на.

— Он жена́т?

— Нет. Он хотя́ и молодо́й, но о́чень стро́гий.

☞ есть [술어] (어떤 것의 존재의 有無에 話者의 관심이 있을 때 사용한다) 있다/ класс 학급; 교실/ же́нщина 여자/ мужч[щ:]и́на 남자/ жена́т [술어] 결혼하다/ хотя́ и (비록) ~라 할지라도/ стро́гий, -ая, -ое, -ие 엄격한

4. 지시대명사의 전치격어미

지시대명사의 어미는, 6격의 변화형에서 소유대명사보다는 많은 예외가 보이지만, 기본적으로는 경변화형용사의 어미와 같다. 전치격에서 남성 · 중성형은 **-ом**을, 여성형은 **-ой**의 어미를 갖는다.

	男 · 中		女
주 격	э́тот	э́то	э́та
전치격	э́том		э́той

— В кото́ром уче́бнике интере́сные упражне́ния?

— Вот в э́том уче́бнике. Это хотя́ и ста́рый, но о́чень хоро́ший уче́бник.

— В кото́рой газе́те интере́сная статья́: в той и́ли в э́той?

— Статья́ о Коре́е?

— Да, вчера́, ка́жется, была́ интере́сная статья́ о Коре́е.
— Статья́ о Коре́е вот в э́той газе́те. Это вчера́шняя газе́та.

☞ кото́рый, -ая, -ое, -ые 어느?/ интере́сный, -ая, -ое, -ые 흥미로운/ упражне́ние 연습문제/ статья́ 기사/ тот, та, то, те 그, 저/ Коре́я 한국/ ка́жется [삽입어]어쩌면/ вчера́шний, -яя, -ее, -ие 어제의

5. 시간을 표현하는 전치격

「~월에」, 「~週에」등과 같이, когда́?「언제」에 대답을 하는 경우에 전치격을 사용하는 표현이 있다. 月名은 모두 남성명사이다.

월명	주 격	когда́?전치격
1월	янва́рь*	в январе́
2월	февра́ль	в феврале́
3월	март	в ма́рте
4월	апре́ль	в апре́ле
5월	май	в ма́е
6월	ию́нь	в ию́не
7월	ию́ль	в ию́ле
8월	а́вгуст	в а́вгусте
9월	сентя́брь	в сентябре́
10월	октя́брь	в октябре́
11월	ноя́брь	в ноябре́
12월	дека́брь	в декабре́

когда́? 언제	
на э́той неде́ле	이번 週에
на бу́дущей неде́ле	다음 週에
на про́шлой неде́ле	지난 週에

когда́? 언제			
	э́том		올해에(이번 달에)
в	бу́дущем	году́(ме́сяце)	내년에(다음 달에)
	про́шлом		작년에(지난 달에)

— Анто́н, когда́ ты был в Москве́?

— В э́том году́. (Я был в Москве́ в э́том году́.)

— Где ты был на про́шлой неде́ле?

— Я был в Петеребу́рге.

— А в на́шем университе́те на прошлой неде́ле был ве́чер.

— Какой ве́чер?

— Литерату́рный.

— На како́м факульте́те?

— На филологи́ческом.

☞ году́는 год(해, 年)의 불규칙 전치격형/ про́шлый, -ая, -ое, -ые 지나간/ неделя 週/ ме́сяц 달(月)/ ве́чер 밤의 모임; 파티/ литерату́рный, -ая, -ое, -ые 문학의/ факультет 학부/ филологи́ческий -ая, -ое, -ие 어문학의/

연습문제

1. 주어진 형용사의 알맞은 형태를 넣으시오.

(1) На́ша семья́ живёт в ____ до́ме. (ста́рый, краси́вый)

(2) Мы живём в ____ общежи́тии. (студе́нческий)

(3) Я живу́ в ____ ко́мнате. (больша́я, све́тлая)

(4) Он хо́чет рабо́тать в ____ . компа́нии (изве́стная)

(5) Моя́ сестра́ у́чится в ____ шко́ле. (больша́я, но́вая)

(6) Ра́ньше на́ша семья́ жила́ в ____ дере́вне. (ма́ленький)

(7) Они́ живу́т в ____ до́ме. (сосе́дний)

(8) Они́ живу́т в ____ кварти́ре. (сосе́дняя)

(9) Я сейча́с говорю́ о ____ бра́те. (ста́рший)

☞ краси́вый, -ая, -ое, -ые 아름다운/ студе́нческий, -ая, -ое, -ие 학생(용)의/ изве́стный, -ая, -ое, -ые 유명한/ компа́ния 회사/ ма́ленький, -ая, -ое, -ие 작은/ дере́вня 시골/

2. 주어진 대명사 및 형용사를 알맞은 형태로 고쳐 넣으시오.

(1) Уче́бник в ____ портфе́ле. (мой)

(2) В ____ кварти́ре три ко́мнаты? (твоя́)

(3) Мин Су пи́шет о ____ дру́ге. (свой)

(4) Роди́тели говоря́т о ____ де́душке. (наш ста́рый)

(5) В ____ общежи́тии живу́т иностра́ные студе́нты. (на́ше)

(6) Мы обе́даем в ____ столо́вой. (на́ша студе́нческая)

(7) Мой друг живёт в ____ го́роде. (э́тот большо́й)

(8) Мы пи́шем упражне́ния в ____ тетра́ди. (э́та но́вая)

☞ портфе́ль 男 (손)가방, 서류가방/ роди́тели 複 부모/ иностра́нный, -ая, -ое, -ые 외국의

Уро́к 11

1. идти́「(걸어서) 가다」와 е́хать「(車를 타고) 가다」의 구분

이동을 표현하는「가다 · 오다」의 의미를 나타내는 동사는 걸어서 이동하는 경우와 교통수단을 이용하여 이동하는 경우를 구분하여 동사를 달리한다. 전자의 경우는 **идти́**를 사용하고, 후자는 **е́хать**를 사용한다. 이 2동사는 불규칙적인 현재변화형을 갖는다.

	идти́ (걸어서)가다	е́хать (車로)가다
я	иду́	е́ду
ты	идёшь	е́дешь
он/она́	идёт	е́дет
мы	идём	е́дем
вы	идёте	е́дете
они́	иду́т	е́дут

2. 이동의 목적지의 표현

6課에서 동작이 일어나는 장소는 전치격으로 표현한다고 하였지만, 한편 어떤 장소로 「가다 · 오다」의 표현은, 즉 이동의 목표지를 표현하는 경우는 전치사 **в** 또는 **на**와 함께 대격으로 표현한다. **в/на**의 선택의 문제는 장소를 표현할 때의 전치격에서 명사에 의해 **в/на**를 결정하는 규칙과 동일하다. 즉, 장소를 표현할 때의 전치격에서 명사에 의해 **на**가 필요하다면, 목표를 표현하는 대격에서도 **на**가 필요하다: был на конце́рте/ иду́ на конце́рт.

кто? 누가?		куда́? 어디로?
Мин Су Анто́н Мин Су и Анто́н	идёт (е́дет) иду́т (е́дут)	в университе́т. на уро́к. в библиоте́ку. домо́й. сюда́. туда́.

— Куда́ иду́т э́ти студе́нты?
— Они́ иду́т в библиоте́ку.

— Ире́на, приве́т! Куда́ ты идёшь?
— Приве́т, Иду́ в университе́т на уро́к, а ты?
— А я иду́ в больни́цу на рабо́ту.
— А пото́м?
— Пото́м домо́й.

(지하철 속에서의 대화)

— Куда́ ты е́дешь?
— В магази́н. А ты?
— Домо́й.

(기차 속에서의 대화)

— Я е́ду во Владивосто́к. А вы?
— В Хаба́ровск.

☞ куда́? 어디로?/ сюда́ 이리로/ туда́ 거기로/ приве́т 안녕(ты로 부르는 사이에서 사용한다)/ больни́ца 병원/ рабо́та 직장/ домо́й 집으로

3. 이동수단의 표현

「버스(지하철)를 타고」와 같이 교통수단을 표현하는 경우는 전치사 на와 함께 교통수단을 나타내는 명사의 전치격을 사용한다.

	на чём? 무엇을 타고?	
е́ду	на авто́бусе	버스로
	на маши́не	승용차로
	на трамва́е	전차로
	на по́езде	기차로
	на метро́*	지하철로
	на такси́*	택시로

* метро́ 「지하철」, такси́ 「택시」는 格변화를 하지 않는 명사이다.

— Ми́ша, ты е́дешь домо́й на метро́?
— Нет, на авто́бусе. А ты?
— Я то́же на авто́бусе.
— Вот хорошо́! Едем вме́сте.

— Здра́вствуйте, Анна Петро́вна.
— Здра́вствуйте.
— Куда́ вы идёте?
— На рабо́ту. Я о́чень спешу́, я уже́ опа́здываю.
— Вы е́дете на такси́?
— Да.

☞ на чём? 무엇을 타고?: что?의 전치격형/ авто́бус 버스/ маши́на 자동차/ трамва́й 전차/ по́езд 기차/ вот(감탄문에서 사용되어 강조를 표현한다) 이렇게 ~할 수가!/ е́дем 갑시다: е́хать의 1인칭명령형/ спеши́ть, -шу́, -ши́шь... шат 서두르다/ опа́здывать 1 지각하다

4. идти́의 다양한 의미

идти́는「(걸어서)가다 · 오다」의 의미 이외에「(영화 · 발레 등이)상연 · 공연하다」, 「(수업이)진행 중이다」, 「(눈 · 비가)오다」의 의미로서 사용된다.

В кино́ идёт интере́сный фильм.
Сего́дня в теа́тре идёт но́вая о́пера.
Тепе́рь идёт уро́к.
Идёт дождь(снег).

☞ кино́ 영화관/ о́пера 오페라/ тепе́рь 현재, 지금/ дождь 男 비/ снег 눈

5. идти́ 동사의 불규칙 과거형

주어	идти́
남성	шёл
여성	шла
중성	шло
복수	шли

Они́ шли домо́й и говори́ли о фи́льме.
Вчера́ шёл пе́рвый снег.

☞ пе́рвый, -ая, -ое, -ые 첫번째의: ~ снег 첫눈

연습문제

1. идти́ 또는 е́хать 중에서 적절한 것을 골라 알맞은 형태로 고치시오.
(1) Оле́г ____ пешко́м, а Ната́ша ____ на трамва́е.
(2) — Ты ____ и́ли ____ пешко́м? — Я ____ на метро́.

(3) Вокза́л о́чень далеко́, мы не ____ , а ____ на авто́бусе.

(4) — Мы ____ на такси́. А вы? — А я ____ пешко́м.

(5) — На чём ты ____ ? — Я не ____ , а ____ пешко́м.

(6) На́ша семья́ ____ на тролле́йбусе. А ва́ша семья́ ____ пешко́м?

2. 알맞은 전치사와 함께 주어진 단어를 알맞은 형태로 고치시오.

(1) — Куда́ ты идёшь? — Я иду́ ____ . (библиоте́ка)

(2) Утром ба́бушка идёт ____ . (ры́нок)

(3) Ве́чером мы идём ____ . (рестора́н и́ли кафе́)

(4) Ве́чером мы идём ____ . (кино́ или конце́рт)

(5) Студе́нты иду́т ____ . (теа́тр, спекта́кль)

(6) Преподава́тель идёт ____ . (аудито́рия, уро́к)

(7) Моя́ сестра́ е́дет ____ . (вы́ставка)

(8) Мы е́дем ____ . (Росси́я, Петербу́рг)

☞ пешко́м 걸어서/ вокза́л 역(驛)/ далеко́ 멀다/ тролле́йбус 트롤리버스/ ры́нок 시장/ спекта́кль 男 연극

Уро́к 12

1. 미래시제

(1) **быть**는, 앞서 설명한 바와 같이, 현재형은 거의 상실하였지만, 미래시제에서는 미래인칭변화형이 사용된다. 미래형은, 과거형과는 달리, 인칭 · 數에 따라 다음과 같이 변화한다.

я	бу́ду	мы	бу́дем
ты	бу́дешь	вы	бу́дете
он/она́	бу́дет	они́	бу́дут

— Я за́втра бу́ду в университе́те. А ты где бу́дешь за́втра?

— Я то́же бу́ду в университе́те. За́втра бу́дет интере́сная ле́кция.

— Ко́ля, ты зна́ешь, когда́ Серёза и Ли́да бу́дут в Москве́?

— Да, зна́ю, они́ бу́дут там в а́вгусте.

(2) 일반동사를 사용하여 미래시제를 표현하기 위해서는 「**быть**의 인칭변화형(미래형)＋동사부정형」의 형식을 사용한다.

1	бу́ду рабо́тать	бу́дем рабо́тать
2	бу́дешь рабо́тать	бу́дете рабо́тать
3	бу́дет рабо́тать	бу́дут рабо́тать

— Мин Су, что ты бу́дешь де́лать сего́дня ве́чером?

— Снача́ла бу́ду де́лать дома́шнее зада́ние, а пото́м бу́ду писа́ть и чита́ть.

— Что вы бу́дете де́лать за́втра? Вы бу́дете занима́ться?

— Да, днём мы бу́дем занима́ться, а ве́чером бу́дем отдыха́ть, слу́шать му́зыку.

— Вы бу́дете спать и́ли чита́ть?

— Я бу́ду чита́ть.

— Она́ за́втракаете в ко́мнате и́ли на ку́хне?

— Она́ бу́дет за́втракать на ку́хне.

☞ за́втра 내일/ снача́ла 먼저/ а пото́м 그 다음에/ занима́ться 1 (예습, 복습, 시험준비의)공부를 하다/ спать, сплю, спишь 자다/ ку́хня 부엌

2. 개수사

물건의 개수를 셀 때 사용하는 數를 개수사라고 부른다. 우선 1-20까지의 개수사는 다음과 같다.

1	оди́н, одна́, одно́, одни́*	11	оди́ннадцать
2	два, две**	12	двена́дцать
3	три	13	трина́дцать
4	четы́ре	14	четы́рнадцать
5	пять	15	пятна́дцать
6	шесть	16	шестна́дцать
7	семь	17	семна́дцать
8	во́семь	18	восемна́дцать
9	де́вять	19	девятна́дцать
10	де́сять	20	два́дцать

* 「1」은 관계하는 명사의 性 · 數에 따라 4가지 형태를 갖는다.

оди́н вопро́с 한가지 질문 одна́ дочь 딸 1명
одно́ сло́во 하나의 단어 одни́ очки́ 안경 하나

** 「2」는 남성 · 중성명사와 관계할 때는 **два**, 여성명사와 관계할 때는 **две**가 된다.

3. 순서수사

순서수사는 순서를 나타낼 때 사용하는 품사이다. 그러나 변화는 형용사어미를 취하고 있어, 형용사와 동일하게 변화한다. тре́тий 「3번째」를 제외하고는, 모두 경변화형용사 но́вый형의 변화와 같다.

1	пе́рвый	11	оди́ннадцатый
2	второ́й	12	двена́дцатый
3	тре́тий*	13	трина́дцатый
4	четвёртый	14	четы́рнадцатый
5	пя́тый	15	пятна́дцатый
6	шесто́й	16	шестна́дцатый
7	седьмо́й	17	семна́дцатый
8	восьмо́й	18	восемна́дцатый
9	девя́тый	19	девятна́дцатый
10	деся́тый	20	двадца́тый

* тре́тий의 변화형은 다음과 같다: тре́тий, тре́тья, тре́тье, тре́тьи тре́тий는 연변화형용사와 같은 格변화어미를 갖는다.

пе́рвый снег 첫눈
пе́рвая любо́вь 첫사랑
пе́рвые шаги́ 첫걸음(출발)
втора́я скри́пка 제2바이올린
тре́тий эта́ж 3층
двадца́тый век 20세기

— На како́м ку́рсе вы у́читесь?
— На четвёртом ку́рсе.

— На како́м этаже́ вы живёте?
— На пя́том этаже́.

☞ шаг 한 걸음/ курс (대학의)학년/ четвёртый, -ая, ое, -ые 4번째의/ пя́тый, -ая, -ое, -ые 4번째의/ эта́ж (건물의)층

4. -овать형 동사의 현재형

동사부정형이 -овать 및 -евать로 끝나는 동사는 불규칙적인 현재변화형을 갖는다. -ова- 및 -ева-가 -у로 바뀌어 -ую, -уешь, -ует, -уем, -уете, -уют의 어미를 취한다. -овать의 및 -евать로 끝나는 동사로 рисова́ть「(그림을) 그리다」, чу́вствовать 「느끼다」, сове́товать 「충고하다」, зави́довать 「부러워하다」, волнова́ться「걱정하다」 танцева́ть 「춤추다」등이 있다.

рисова́ть (그림을)그리다		
1	рису́ю	рису́ем
2	рису́ешь	рису́ете
3	рису́ет	рису́ют

Худо́жник рису́ет её портре́т.

Ири́на о́чень краси́во танцу́ет.

Я чу́вствую боль в руке́.

Мои́ роди́тели обы́чно волну́ются обо мне.

☞ худо́жник 화가/ портре́т 초상화/ обы́чно 평소에/ краси́во 예쁘게/ боль 女 통증/ рука́ 손/ волнова́ться, -ну́юсь, -ну́ешься 걱정하다

연습문제

1. 밑줄 친 곳에 быть의 알맞은 형태를 넣으시오.

(1) За́втра ма́ма ____ до́ма.

(2) Ско́ро они́ ____ ? — Ду́маю, да.

(3) Сего́дня я не ____ в теа́тре.

(4) За́втра ____ дождь.

2. 보기와 같이 미래시제로 고치시오.

보기: Мы _____ до́ма. (обе́дать) → Мы <u>бу́дем обе́дать</u> до́ма.

(1) Мы ____ по-ру́сски хорошо́. (говори́ть)
(2) До́ма я ____ упражне́ние. (де́лать)
(3) Ве́чером они́ ____ телеви́зор. (смотре́ть)
(4) А я ____ ра́дио. (слу́шать)
(5) Ты ____ ру́сский я́зык? (изуча́ть)
(6) Сейча́с преподава́тель ____ уро́ки. (объясня́ть)

3. 현재시제를 미래시제로 바꾸시오.

(1) Студе́нты расска́зывают текст.
(2) Ве́чером мы смо́трим телеви́зор.
(3) Я пишу́ письмо́.
(4) Ве́чером я гото́влю дома́шнее зада́ние.
(5) Она́ рису́ет портре́т.

☞ ско́ро 곧/ уро́к 複 숙제/ объясня́ть 1 설명하다

Уро́к 13

1. 「몇시에?」의 표현

когда́?(언제?)에 대한 대답으로 「~時에」의 표현은 전치사 в와 함께 시각을 나타내는 개수사의 대격을 사용한다.

когда́? 언제?	
в +대격 「~時에」	
в 1(оди́н) час	в 5 (пять) / 6 (шесть) / 7 (семь) / 8 (во́семь) / 9 (де́вять) / 10 (де́сять) / 11 (оди́ннадцать) / 12 (двена́дцать) часо́в*
в 2 (два) / 3 (три) / 4 (четы́ре) часа́*	

* час 「時」는 2, 3, 4와 함께 사용될 때는 часа로 되고, 5부터 12까지의 數와 사용될 때는 часо́в로 바뀐다. 개수사가 명사와 결합할 때의 명사의 格형태에 관해서는 17課에서 설명한다.

— Ири́на, скажи́те, пожа́луйста, ско́лько сейча́с вре́мени?

— (Сейча́с) 12 часо́в.

— Обы́чно в 12 часо́в я обе́даю в э́том небольшо́м кафе́. Я приглаша́ю вас.

— Спаси́бо.

☞ скажи́те 말해 주세요/ ско́лько? 얼마나?/ ско́лько сейча́с вре́мени? 지금 몇시 입니까?/ небольшо́й, -а́я, -о́е, -и́е 크지 않은, 작은/ кафе́ 카페/ приглаша́ть 1 초대하다; 권하다; 부르다/ спаси́бо 고맙다, 감사합니다

2. 「~요일에?」의 표현

когда́?(언제?)에 대한 대답으로 「~요일에」로 대답하는 경우에는 전치사 в와 함께 요일명을 대격으로 표현한다. 예를 들어, 「토요일에」의 표현은 суббо́та 「토요일」가 в суббо́ту「토요일에」로 된다.

요 일		когда́? 언제?
주 격		в +대격
	понеде́льник	в понеде́льник
	вто́рник	во* вто́рник
	среда́	в сре́ду
Сего́дня	четве́рг	в четве́рг
	пя́тница	в пя́тницу
	суббо́та	в суббо́ту
	воскресе́нье	в воскресе́нье

* 전치사 в는 вто́рник앞에서는 во로 바뀐다.

— Како́й за́втра день? 내일은 무슨 요일이지?

— Вчера́ бы́ло воскресе́нье. Сего́дня понеде́льник. Зна́чит, за́втра бу́дет вто́рник. Ура́! Мы не бу́дем рабо́тать.

— А почему́?

— За́втра пра́здник.

— Когда́ бу́дет экску́рсия?

— В суббо́ту в 2(два) часа́.

— Вы не зна́ете, где бу́дет ве́чер?

— Ве́чер бу́дет в пя́тницу в клу́бе.

— А когда́?

— Я ду́маю, что (ве́чер бу́дет) в во́семь часо́в.

☞ день 男 하루; 낮/ зна́чит (삽입어)즉/ ура́ (감탄어)와! 만세!/ пра́здник[д]는 묵음, 경축일/ не 否定의 뜻이 아닌, 완곡한 뉴앙스를 표현한다/ клуб 서클

3. -авать형 동사의 현재형

동사부정형이 -авать의 모양을 하고 있는 동사는 불규칙적인 현재변화형을 갖는다. -аю, -аёшь, -аёт, -аём, -аёте, -ают의 어미를 취한다.

встава́ть 일어나다	продава́ть 팔다	дава́ть 주다	преподава́ть 가르치다
встаю́	продаю́	даю́	преподаю́
встаёшь	продаёшь	даёшь	преподаёшь
встаёт	продаёт	даёт	преподаёт
встаём	продаём	даём	преподаём
встаёте	продаётё	даёте	преподаёте
встаю́т	продаю́т	даю́т	преподаю́т

— Когда́ ты встаёшь?
— Обы́чно я встаю́ в 7(семь) часо́в.
— Ты за́втракаешь до́ма?
— Да, обы́чно я за́втракаю до́ма, но иногда́ в кафе́.

— Что там продаю́т?
— Там продаю́т фру́кты и о́воши.

Мой оте́ц рабо́тает в университе́те. Он преподава́тель, он преподаёт ру́сский язы́к.

☞ там 거기에, 그 곳에/ фру́кты 複 과일/ о́вощи 複 야채

4. 「-ся동사」의 의미

러시아어의 동사에는 어미 뒤에 **-ся**(모음 뒤에서는 **-сь**)가 붙는 동사들이 많이 있다(**учи́ться, занима́ться** 등). 이러한 동사들을 보통 「**-ся**동사」라고 부른다. 「**-ся**동사」의 대부분은 타동사에 **-ся**가 붙어 자동사로 파생된 것이다. 「**-ся**동사」는, **-ся**가 없는 타동사와 비교하여, 재귀적 의미(동작의 영향이 주어 자체의 범위에 머문다)를 나타내기도 하고, 자동사화한 의미를 나타내는 경우가 많다. 요컨대, 「**-ся**동사」는 직접목적어(전치사없는 대격)를 취하지 않는다.

(1) 재귀적 의미

мыть「씻다, 빨다」－**мы́ться**「자신의 몸을 씻다」

Она́ мо́ет бельё в горя́чей воде́. 그 여자는 뜨거운 물로 빨래한다.

Я люблю́ мы́ться в ба́не. 나는 한증탕을 좋아한다.

(2) 자동사화의 의미

начина́ть－начина́ться, конча́ть－конча́ться

Я начина́ю рабо́ту(рабо́тать) в 9 часо́в.

Рабо́та начина́ется в 9 часо́в.

● **начина́ть**「시작하다」, **конча́ть**「끝내다」는 그 뒤에 직접목적어 또는 동사부정형이 온다. 주어는 주로 사람이다. 한편, **-ся**동사인 **начина́ться**「시작되다」, **конча́ться**「끝나다」는 3인칭 단수 · 복수형만이 사용된다. 그 이유는 주어는 사람 이외의 사물이 되기 때문이다.

— Оле́г, когда́ начина́ется заня́тия в ва́шем университе́те?
— Заня́тия начина́ются в 9 часо́в.
— А когда́ конча́ются?
— В 6 часо́в.
— Когда́ ты обе́даешь?

— Обы́чно я обе́даю в час.

— Где ты обе́даешь?

— В студе́нческой столо́вой.

— Когда́ ты занима́ешься в библиоте́ке?

— В пя́тницу и в суббо́ту.

— А что ты де́лаешь в воскресе́нье?

— Отдыха́ю, чита́ю кни́ги, смотрю́ телеви́зор.

☞ мыть, мо́ю, мо́ешь,.. мо́ют 씻다, 빨다/ мы́ться, мо́юсь, мо́ешься... мо́ются (자신의 몸을)씻다/ бельё 속옷; 빨래감/ вода́ 물/ ба́ня 목욕탕/ заня́тия 複 수업/

연습문제

1. 텍스트를 번역하시오.

Это Ири́на. Она́ студе́нтка, у́чится в университе́те, изуча́ет ру́сский язы́к. Утром она́ е́дет в университе́т. Снача́ла она́ е́дет на метро́, пото́м на авто́бусе. В университе́те Ири́на слу́шает ле́кции. В 12 часо́в она́ и её подру́га Ольга обе́дают в студе́нческой столо́вой. Обы́чно Ири́на ест суп, рис, мя́со и́ли ры́бу. Она́ пьёт сок. В час Ири́на и Ольга иду́т в библиоте́ку. Там они́ де́лают дома́шнее зада́ние, чита́ют кни́ги, газе́ты. В 5 часо́в Ири́на е́дет домо́й. До́ма она́ у́жинает, смо́трит телеви́зор, слу́шает му́зыку.

☞ студе́нтка 여자대학생/ ле́кция 강연/ ры́ба 생선, 물고기

2. 괄호 안의 단어의 알맞은 형태를 넣으시오.

(1) Они́ бы́ли на экску́рсии ____ . (понеде́льник)

(2) Мы отдыха́ем ____ . (суббо́та и воскресе́нье)

(3) Мы бы́ли в теа́тре ____ . (вто́рник)

(4) В на́шей гру́ппе была́ контро́льная рабо́та ____ . (среда́)

(5) Я ви́дела его́ ____ . (пя́тница)

(6) Она́ была́ здесь ____ . (четве́рг)

3. начина́ть—начина́ться, конча́ть—конча́ться 를 알맞게 넣으시오.

(1) Когда́ ____ уро́к в университе́те?

(2) Когда́ Мин Су ____ занима́ться?

(3) Этот фильм ____ по́здно.

(4) Ве́чер ____ в 7 часо́в.

(5) Когда́ его́ оте́ц ____ и когда́ он ____ рабо́тать?

☞ контро́льная рабо́та (학교의) 테스트, 간이시험/ по́здно 늦게

Уро́к 14

1. 명사의 단수 · 속격어미

러시아어의 속격은 기본적으로 물건의 所有主를 표시하는 格이다. 다른 용어로는 소유격이라고 한다. 속격을 표시하는 어미는 기본형(단수 · 주격형)의 마지막 문자가 **-자음**인 남성명사와 **-о**인 중성명사는 **-а**이다. 그리고 마지막 문자가 **-ь**와 **-й**인 남성명사와 **-е**인 중성명사는 **-я**를 취한다. 한편, 여성명사의 경우는, 마지막 문자가 **-а**이면, **-ы**로 바뀌고, **-ь, -я**이면, **-и**로 바뀐다.

속격을 표시하는 어미를 정리하면 다음과 같다.

	주 격	속 격	어미
남성 · 중성	брат врач окно́	бра́та врача́ окна́	а
	гость музе́й общежи́тие	го́стя музе́я общежи́тия	я
여성	сестра́	сестры́	ы
	пе́сня аудито́рия тетра́дь студе́нтка* ко́жа*	пе́сни аудито́рии тетра́ди студе́нтки ко́жи	и

* 어간이 **г, к, х** 및 **ш, ж, ч, щ**로 끝나는 여성명사는 어미 **и**를 취한다. 이것은 맞춤법에 의해 **ы**를 **г, к, х** 및 **ш, ж, , ч, щ** 다음에 사용할 수 없기 때문이다.

2. 속격의 용법

「A의 B」와 같이, 2개의 명사간의 소유 및 소속의 관계를 표현하기 위해서는 A를 속격으로 만들어 「BA」의 語順으로 표시한다. 「BA」의 관계는 우리말의 「의」, 영어의 of에 의해 표시되는 관계와 비슷하다. 속격은 소유, 소속 이외에도 부분, 성질, 동작의 대상, 동작주체 등의 다양한 기능을 갖는다.

— Чей э́то слова́рь?
— Это слова́рь преподава́теля.

— Чья э́то ко́мната?
— Это ко́мната сестры́.

— Чьи роди́тели живу́т в Москве́?
— В Москве́ живу́т роди́тели Мари́и.

— Вы бы́ли сего́дня на уро́ке(уро́ках) литерату́ры?
— Да, бы́ли.

3. 인칭대명사의 속격형

주 격	속 격
я	меня́
ты	тебя́
он/оно́	его́
она́	её
мы	нас
вы	вас
они́	их

4. 소유의 표현

「~에게 ...가 있다」의 의미, 즉 「~을 가지고 있다」를 나타내는 소유의 표현은 속격지배 전치사 **у**를 사용하여 「**у**+명사류의 속격(소유주)」의 형식을 사용한다. 그리고 존재를 확인하는 경우에만 사용하는 **есть** 「있다」를 술어로 사용한다. 소유물은 주격으로 표시한다. 인칭대명사의 속격형과 인칭대명사를 소유주로 표시하는 소유의 표현은 다음과 같다.

주 격	у+속격+ есть「있다」		소유물(주격)
	у кого́? 누구에게?		кто? 누가? что? 무엇이?
я	у меня́		
ты	у тебя́		
он	у него́*		биле́т, биле́ты
она́	у неё*	есть**	брат, сестра́
мы	у нас		
вы	у вас		
они́	у них*		

* 인칭대명사의 속격인 **его**, **её**, **их**는 **у**뒤에서 **н**이 첨가된다.
** **есть** 「있다」는 **быть**의 현재형으로 존재를 확인하는 경우에만 사용된다.

— У кого́ есть чёрная ру́чка?
— У меня́.
— Да́йте, пожа́луйста.

— Де́вочка, как тебя́ зову́т?
— Меня́ зову́т Та́ня. А как вас зову́т?, дя́дя?
— Меня́ зову́т Семён Семёнович. Я твой сосе́д. А у тебя́ есть брат и́ли сестра́?
— У меня́ есть брат. Его́ зову́т Ми́ша. У вас есть де́ти?

— Да, у меня́ есть сын и дочь. У них есть соба́ка.
— А у нас есть ко́шка. Её зову́т Му́рка.

☞ у (+속격) ...에 있어서/ у ког[в]о́? 누구에게?: кто?의 속격/ да́йте (명령법) 주십시오/ де́вочка 여자아이/ дядя 1 삼촌, 2(成人남자에 대한 호칭)아저씨/ сосе́д 이웃/ де́ти 複 아이들/ соба́ка 개/ ко́шка 고양이

5. 과거 및 미래시제에서의 소유표현

소유표현의 형식을 과거시제로 표현하기 위해서는 현재시제의 술어 **есть** 대신에 **быть**의 과거변화형을 주어(소유물)의 性 · 數와 일치시켜 사용하면 된다. 미래시제는 **быть**의 미래변화형을 주어의 인칭과 數에 일치시켜면 된다. 그렇지만, 소유표현형식의 특성상, 3인칭 단수 · 복수형만이 사용된다.

소유주	술어+소유물(주격)
у меня́ у нас	был слова́рь была́ соба́ка бы́ли биле́ты
	бу́дет экску́рсия бу́дут экза́мены

Ра́ньше у нас был дома́ший телефо́н.
Ра́ньше у бра́та была́ маши́на.
Ско́ро у нас бу́дут кани́кулы.
За́втра у ба́бушки бу́дет день рожде́ния.

☞ маши́на 승용차/ кани́кулы 複 (학생의)방학

6. 전치사 у

존재의 위치 및 동작이 일어나는 장소를 묻는 **где**?(「어디에?」)에 대한 대답은 「**в/на**+전치격」으로 표현하였다. 그러나 마찬가지로 **где?**에 대한 대답이지만,

「누가 있는 곳에서」, 즉, 사람이 있는 장소를 표현하는 경우에는 в/на가 아니라, у를 필요로 한다.

— Где ты был вчера́?
— Вчера́ я был у врача́.

— Где ты была́ ле́том?
— Ле́том я была́ в дере́вне у ба́бушки.

연습문제

1. 보기와 같이 질문에 대답하시오.

보기:	— Чей э́то портфе́ль? (оте́ц) — Э́то порфе́ль отца́. — Чья кни́га лежи́т на столе́? (А́нна) — На столе́ лежи́т кни́га А́нны.

(1) Чья э́то ко́мната? (сестра́)
(2) Чей э́то телефо́н? (студе́нтка)
(3) Чьи э́то кни́ги? (преподава́тельница)
(4) Чьё э́то пальто́? (гость)
(5) Чья маши́на стои́т о́коло до́ма? (Андре́й)
(6) Чей брат рабо́тает в теа́тре? (Та́ня)
(7) Чья сестра́ у́чится в университе́те? (Бори́с)
(8) Чей друг у́чится в Москве́? (Мари́я)

2. 보기와 같이 질문에 대답하시오.

보기: Это мой брат. → У меня́ есть брат.

(1) Это на́ши роди́тели.
(2) Это его́ уче́бник.
(3) Это её де́ти.
(4) Это их кварти́ра.
(5) Это твоё пальто́?
(6) Это ва́ша сестра́?

3. 보기와 같이 질문에 대답하시오.

보기: — У кого́ есть слова́рь? — У Анны.

(1) У кого́ есть но́вый телефо́н? (Ко́ля)
(2) У кого́ есть компью́тер? (друг)
(3) У кого́ есть тако́й уче́бник? (преподава́тель)
(4) У кого́ есть биле́т в кино́? (Андре́й и Анна)

☞ портфе́ль 男 서류가방/ стоя́ть, стою́, стои́шь... стоя́т (상태)서 있다/ о́коло (+속격) ~가까이에, 근처에/ компьютер 컴퓨터/ тако́й, -а́я, -о́е, -и́е 그러한/ биле́т в кино́ 극장표

Уро́к 15

1. 경변화형용사의 속격어미

경변화형용사, 즉 но́вый형, ру́сский형, большо́й형의 형용사는 속격에서 남성 · 중성형은 -о́го, 여성형은 -о́й를 어미로 취한다.

	男 · 中		女
주 격	но́вый ру́сский большо́й	но́вое ру́сское большо́е	но́вая ру́сская больша́я
속 격	но́вого ру́сского большо́го		но́вой ру́сской большо́й

— Каки́е кома́нды игра́ют сего́дня?

— Сего́дня игра́ют на́ша кома́нда и кома́нда Моско́вского университе́та.

— На како́м ве́чере бы́ли ва́ши друзья́?

— На́ши друзья́ бы́ли на ве́чере ру́сской пе́сни.

— Каку́ю статью́ вы чита́ли вчера́?

— Вчера́ мы чита́ли статью́ изве́стного ру́сского учёного.

☞ кома́нда 선수단, 팀/ игра́ть 1 (경기를)하다/ моско́вский, -ая, -ое, -ие 모스크바의/ пе́сня 노래/ статья́ 기사/ учёный [명사] (형용사변화)학자

2. 연변화형용사의 속격어미

연변화형용사, 즉 си́ний형, хоро́ший형 형용사는 속격에서 남성 · 중성형은 **-его**, 여성형은 **-ей**의 어미를 취한다.

	男 · 中		女
주 격	си́ний хоро́ший	си́нее хоро́шее	си́няя хоро́шая
속 격	си́него хоро́шего		си́ней хоро́шей

— Чьи э́то фотогра́фии?
— Это фотогра́фии ста́ршей сестры́.
— Чьи роди́тели живу́т в Петербу́рге?
— В Петербу́рге живу́т роди́тели моего́ лу́чшего дру́га.
— Ты по́мнишь назва́ние после́днего ру́сского фи́льма?
— Нет, не по́мню.

☞ фотогра́фия 사진/ моего́: мой의 속격형/ лу́чший, -ая, -ее, -ие 가장 좋은(훌륭한)/ по́мнить 2 기억하다/ назва́ние 제목/ после́дний, -яя, -ее, -ие 최근의

3. 소유대명사의 속격어미

소유대명사는 속격에서 어미가 남성 · 중성형은 **-его**, 여성형은 **-ей**로 변화한다. **твой, свой**「자신의」의 변화형은 **мой**와 같다. **ваш**의 변화형은 **наш**와 같다.

	男 · 中		女
주 격	мой	моё	моя́
속 격	моего́		мое́й

	男 · 中		女
주 격	наш	наше	наша
속 격	нашего		нашей

— Антон, ты знаешь, где живёт Нина?
— Нет, не знаю, но у нашего нового студента есть её адрес.

— Чья это комната?
— Это комната моей младшей сестры.
— У кого есть новая машина?
— У моего соседа.

☞ адрес 주소/ сосед ①이웃(사람) ② 옆에 앉아 있는 사람

4. 지시대명사의 속격어미

지시대명사는 속격에서 어미가 남성 · 중성형은 -ого, 여성형은 -ой로 변화한다.

	男 · 中		女
주 격	этот	это	эта
속 격	этого		этой

— Вы помните фамилию этой студентки?
— Да, хорошо помню. Её фамилия Соколова.

— Какие рассказы вы читали на уроке?
— Мы читали рассказы этого русского писателя.

☞ фамилия 姓/ рассказ 단편소설/ писатель 男 소설가

5. 「~日에」를 표현하는 속격

「오늘은 며칠입니까?」는 러시아어로 「Како́е сего́дня число́?」이다. 그리고 그 대답은 「Сего́дня пе́рвое число́.」「오늘은 1일 입니다」이다. 1일은 「첫번째의 날」의 의미이므로 순서수사(пе́рвый)를 사용한다. 이 때, 날짜는 주격으로 표시하고, 「日」을 의미하는 число́는 보통 생략한다.

그러나 когда́?「언제?」에 대한 대답이 될 때는 날짜는 속격이 된다. 예를 들어, 「3월 1일에(출발한다)」의 표현은 「1일에 3월의」의 순서로 표시하여 пе́рвого ма́рта가 된다. 「3월」뿐만 아니라, 「1일」도 속격으로 표시한다.

— Како́е сего́дня число́?
— Сего́дня пе́рвое ма́я.

— Когда́(Како́го числа́) он роди́лся?
— Он роди́лся пе́рвого ма́я.

— Когда́ у нас бу́дет экску́рсия?
— Второ́го а́вгуста.

☞ пе́рвый, -ая, -ое, -ые 첫번째의/ роди́ться 完 태어나다; 과거형: родился, родила́сь, родили́сь 태어났다/ второ́й, -а́я, -о́е, -ы́е 2번째의

연습문제

1. 괄호 안의 단어결합 알맞게 고쳐 넣으시오.

(1) У ____ есть дочь. (мой брат)
(2) У ____ есть сын. (моя́ сестра́)
(3) У ____ есть биле́т в теа́тр. (мой лу́чший друг)
(4) У ____ есть подру́га из Япо́нии. (э́та студе́нтка)

2. 괄호 안의 단어결합을 알맞은 형태로 고치시오.

(1) За́втра у них бу́дет ле́кция ____ . (изве́стный писа́тель)

(2) За́втра у нас бу́дет уро́к ____ . (ру́сский язы́к)

(3) Это ко́мната ____ . (мой ста́рший брат).

(4) Это маши́на ____ . (наш но́вый дика́н)

(5) Это фотогра́фия ____ . (моя́ ста́ршая сестра́)

(6) Преподава́тель смо́трит тетра́дь ____ . (на́ша студе́нтка)

(7) Мы внима́тельно слу́шали докла́д ____ . (на́ша преподава́тельница)

(8) Я по́мню назва́ние ____ . (э́тот фильм).

☞ из (+속격) ~로 부터/ Япо́ния 일본/ докла́д 발표, 보고

Уро́к 16

1. 소유 · 존재를 否定하는 속격

이미 학습한 존재 · 소유의 구문 「~에(게)~가 있다」에서 존재 · 소유가 확인되는 물건 · 사람은 주어이다. 즉, 주격이다. 그러나 「~에(게)~가 없다」와 같이, 존재 · 소유를 否定하는 구문에서는 존재하지 않는 물건 · 사람은 속격이 된다. 즉, 존재 · 소유를 否定하는 구문에서는 주어가 없다. 이른바, 無인칭문이 된다. 따라서 과거와 미래에서 주어의 性 · 數 또는 인칭에 따라 술어의 모양을 달리 하는 존재확인의 긍정구문과는 달리, 존재 · 소유를 否定하는 구문에서는 현재, 과거, 미래에 각각 하나씩의 술어, 즉, **нет** 「없다」, **не́ было** 「없었다」, **не бу́дет** 「없을 것이다」밖에는 없다.

소유주	술 어	존재의 否定(속격)
у меня́ у нас	не́ было нет не бу́дет	словаря́ уче́бника экску́рсии тетра́ди сестры́

— Алёша, у тебя́ есть сестра́?
— Нет, у меня́ нет сестры́.
— Зна́чит, у тебя́ то́лько брат.
— Бра́та то́же нет. У меня́ нет ни бра́та, ни сестры́.

— Ты не зна́ешь, где Мин Су?
— Мо́жет быть, в библиоте́ке. Он говори́л, что хо́чет занима́ться в библиоте́ке, потому́ что у него́ нет словаря́.

— Ты не зна́ешь, где Серёжа?
— Наве́рное, занима́ется в библиоте́ке.
— Нет, я то́лько что был в библиоте́ке, Серёжи там не́ было.

— В де́тстве мы ча́сто быва́ли в дере́вне у ба́бушки. Тогда́ в дере́вне ещё не́ было телеви́зора, холоди́льника.
— А сейча́с там есть телеви́зор?
— Да, сейча́с там есть и электри́чество, и газ.

Вчера́ ключ был в су́мке, но сего́дня у́тром его́(ключа́) в су́мке не́ было.

Меня́ ве́чером не бу́дет до́ма.

За́втра не бу́дет дождя́.

☞ **ни.., ни..** [강세조사](부정문에서 사용)..도, ..도 아니다(없다)/ **мо́жет быть** (삽입어)아마도/ **то́лько что** 방금/ **де́тство** 유년시절: **в де́тстве** 유년시절에/ **быва́ть** 1 (자주)가다 · 오다/ **холоди́льник** 냉장고/ **электри́чество** 전기/ **газ** 가스/ **ключ** 열쇠

2. 否定속격

타동사의 직접목적어는 긍정문에서 원칙적으로 대격이다. 그러나 타동사가 否定이 되면, 타동사의 직접목적어는 속격으로 바뀐다. 구어체에서 목적어가 구상명사(셀 수 있는 명사)일 경우에는 대격도 가능하다.

Я не люби́л э́того предме́та. 나는 이 교과목을 좋아하지 않는다.

Я не знал стра́ха. 나는 두려움을 몰랐다.

Я не чита́л э́той кни́ги(э́ту кни́гу). 나는 그 책을 읽지 않았다.

3. 수량속격

수사 один「하나」 뒤에서 명사는 단수 · 주격이 된다. 그러나 2이상의 수사 또는 수량을 나타내는 단어(много「많은」, несколько「약간의」 등)뒤에서 명사는 속격이 된다. 수사를 구체적으로 설명하면, 2, 3, 4와 결합하는 명사는 단수 · 속격이 되고, 5-20까지의 수사와 결합하는 경우는 복수 · 속격이 된다. 21이상의 數는 합성수사이다. 합성수사의 경우는 마지막 숫자에 의해 명사의 형태가 결정된다. 복수 · 속격의 형태는 33課에서 설명한다.

У меня́ 2(два) бра́та.
У нас в кварти́ре 3(три) ко́мнаты.
У нас на факульте́те рабо́тает 42(со́рок два) преподава́теля.
В на́шем го́роде мно́го па́рков (복수 · 속격)

주의 수사와 결합하는 명사가 속격으로 되는 것은 이 語결합이 주격 또는 대격으로 사용되는 경우에 국한된 것으로, 만약 語결합이 주격 또는 대격 이외의 格으로 사용될 때는 문법적으로 요구하는 格을 사용하여야 한다.

Эта кни́га расска́зывает о двух геро́ях. (복수 · 전치격)
이 책은 2명의 영웅에 관한 이야기이다.

4. 합성수사

1~20까지는 단일수사였다. 그렇지만, 21~29, 31~39, 41~49, ... 99까지, 그리고 101~199, 201~299, 301~399, ... (계속) 등은 합성수사이다. 글자 그대로, 2개 이상의 숫자로 합성된 수사이다. 30, 40, 50, ... 100, 200, 300, 400, 500 ... 1000 등은 단일수사이다.

21: два́дцать оди́н
22: два́дцать два
23: два́дцать три
↓

29: два́дцать де́вять

30: три́дцать (단일수사)

31: три́дцать оди́н

32: три́дцать два

↓

39: три́дцать де́вять

40: со́рок (단일수사)

41: со́рок оди́н

42: со́рок два

↓

5. 20~1000까지의 단일수사

20:	два́дцать	200:	две́сти
30:	три́дцать	300:	три́ста
40:	со́рок	400:	четы́реста
50:	пятьдеся́т	500:	пятьсо́т
60:	шестьдеся́т	600:	шестьсо́т
70:	се́мьдесят	700:	семьсо́т
80:	во́семьдесят	800:	восемьсо́т
90:	девяно́сто	900:	девятьсо́т
100:	сто	1000:	ты́сяча

연습문제

1. 보기와 같이, 소유 · 존재의 否定文으로 대답하시오.

보기: — У вас есть слова́рь? — Нет, у меня́ нет словаря́.

(1) У вас есть чи́стая тетра́дь?
(2) У вас в ко́мнате есть кни́жный шкаф?
(3) У ва́шей преподава́тельницы есть э́та кни́га?
(4) У э́того студе́нта есть ли́шний биле́т в теа́тр?
(5) Вчера́ у нас была́ контро́льная рабо́та?
(6) Вчера́ у вас был уро́к ру́сского языка́?
(7) В воскресе́нье у нас бу́дет экску́рсия в музе́й?
(8) В суббо́ту у нас в клу́бе бу́дет конце́рт?

2. 괄호 안의 단어의 알맞은 형태를 넣으시오.

(1) Я изуча́ю ру́сский язы́к четы́ре ____ . (ме́сяц)
(2) У меня́ две ____ . (сестра́)
(3) Сего́дня мой сосе́д получи́л два ____ . (письмо́)
(4) Я чита́л э́ту кни́гу четы́ре ____ . (день)
(5) На столе лежи́т две ____ и два ____ . (кни́га, журна́л)
(6) Экза́мены бу́дут че́рез три ____ . (неде́ля)
(7) Мы уже́ бы́ли в Москве́ два ____ . (раз)
(8) В э́той кни́ге 52(пятьдеся́т две) ____ . (страни́ца)

☞ чи́стый, -ая, -ое, -ые 깨끗한/ кни́жный шкаф 책장/ ли́шний, -яя, -ее, -ие 여분의/ получи́ть, -чу́, -чишь... -чат 받다/ че́рез (+대격) (시간) ~지난 후에/ раз 번, 回/ страни́ца 페이지

Уро́к 17

1. 동사의 相(aspect)

우리말의 「읽다」라고 하는 동작을 표현하는 동사는, 영어에서는 read, 프랑스어에서는 lire, 일본어로는 「読む」로 각각 하나씩 존재한다. 그러나, 러시아어에서는 「읽다」를 표현하는 동사는 2가지, 즉, **чита́ть**와 **прочита́ть**가 존재한다. 전자를 불완료상동사, 후자를 완료상동사라고 한다.

러시아어에서는 1회의 동작이 완료되어, 그 결과가 문제시되는 경우와 그렇지 않은 경우(즉, ①지속 · 계속적인 동작, ②습관 · 반복적인 동작, ③완료, 지속, 반복과는 관계없이 동작사실 그 자체를 가리키는 경우)를 문법적으로 구분한다. 전자의 경우는 완료상동사를 사용하고, 후자의 경우는 불완료상동사를 사용한다. 러시아어의 동사는 대부분이 불완료상-완료상의 쌍을 이루고 있다. 불완료상-완료상의 쌍을 형태에 따라 분류하면, 다음과 같은 3가지 그룹으로 나눌 수 있다.

(1) 불완료상에 특정의 접두사가 붙어 대응의 완료상이 만들어 진다.

чита́ть – прочита́ть 읽다
писа́ть – написа́ть 쓰다
де́лать – сде́лать 하다
смотре́ть – посмотре́ть 보다
ви́деть – уви́деть 보다, 만나다
учи́ть – вы́учить 암기하다
гото́вить – пригото́вить 준비하다

(2) 완료상에 특정의 접미사가 붙어 대응의 불완료상이 만들어 진다.

реши́ть – реша́ть (문제를)풀다
получи́ть – получа́ть 받다

встре́тить – встреча́ть 만나다

встать – встава́ть 일어나다

опазда́ть – опа́здывать 늦다

откры́ть – открыва́ть 열다

спроси́ть – спра́шивать 물어보다

(3) 불완료상과 완료상의 語根이 전혀 다른 쌍

говори́ть – сказа́ть 말하다

покупа́ть – купи́ть 사다

брать – взять 잡다,(책 등을)빌리다

понима́ть – поня́ть 이해하다

возвраща́ться – верну́ться 돌아오다

2. 相의 용법

(1) 불완료상의 용법

1) 진행 · 지속 · 계속적인 동작을 나타낸다.

— Что ты сейча́с де́лаешь?
— Я чита́ю газе́ту.

Тогда́ он писа́л письмо́. 그 때에 편지를 쓰고 있었다(과거진행)

2) 단순히 동작사실만을 지칭 · 확인한다.

— Что ты де́лал вчера́ ве́чером?
— Писа́л письмо́.

— Почему́ ты не была́ вчера́ в клу́бе?
— Я де́лала дома́шнее зада́ние.
— Ты смотре́л но́вый фильм?

— Нет, не смотре́л.

3) 반복 · 습관적인 동작을 나타낸다.

— Когда́ ты обы́чно встаёшь у́тром?
— Я обы́чно встаю́ в 7 часо́в.

불완료상동사는 그것이 갖는 의미 · 성격상, 지속 · 반복의 의미를 갖는 부사(**всегда́** 「항상」, **ча́сто** 「자주」, **иногда́** 「이따금」, **обы́чно** 「보통」, **до́лго** 「오랫동안」)나 시작 및 종료의 뜻을 갖는 보조동사(**начина́ть-нача́ть** 「시작하다」, **конча́ть-ко́нчить** 「끝내다」, **продолжа́ть** 「계속하다」)와 함께 사용된다.

Когда́ я жил в общежи́тии, я всегда́ встава́л ра́но, в 6 часо́в.
Он ча́сто покупа́л вино́.
Она́ иногда́ опа́здывала на уро́ки.
Преподава́тель до́лго объясня́л уро́ки.
Мы на́чали изуча́ть ру́сский язы́к в сентябре́.
Я продолжа́ю рабо́тать на заво́де.

(2) 완료상의 용법

동작이 완료되어 그 결과가 나와 있는 1회 동작을 표현한다.

— Мин Су, почему́ вы не пи́шете упражне́ние?
— Я уже́ написа́л его́.

— Анна, почему́ ты не реша́ешь зада́чу?
— Я уже́ реши́ла её. Очень лёгкая зада́ча.

— Кто нарисова́л тако́й краси́вый дом?
— Этот дом нарисова́л мой брат Макси́м.

완료상동사는 보통 вдруг 「뜻밖에」, неожи́данно 「의외로」, сра́зу 「곧바로」 등의 부사와 함께 사용된다.

На у́лице я вдруг уви́дел его́.

Оте́ц верну́лся неожи́данно.

☞ реша́ть 不完 1 (문제를) 풀다/ зада́ча (수학, 물리학 등의) 문제/ реши́ть, -шу́, -ши́шь... -ша́т 完 (문제를)풀다/ лёг[х]кий, -ая, -ое, -ие 쉬운; 가벼운/ встать, -та́ну, -та́нешь 完 일어나다/ уви́деть, -ви́жу, -ви́дят... 完 보다, 만나다/ верну́ться, -ну́сь, -нёшься... 完 돌아오다 · 가다

● 불완료상의 「사실확인」 및 완료상의 「동작완료」의 의미

— Ире́на, что ты де́лала в воскресе́нье?

— Я гуля́ла в па́рке, смотре́ла телеви́зор и де́лала дома́шнее зада́ние.

— Ты сде́лала всё дома́шнее зада́ние?

— Я вы́учила слова́, написа́ла упражне́ние, но не прочита́ла текст.

3. 불완료상과 완료상의 시제

불완료상은 진행 중인 동작, 지속 · 계속 · 습관적인 동작 및 동작사실을 나타내기 때문에 시제는 과거, 현재, 미래를 모두 표현할 수 있다. 한편, 완료상은 동작의 완료 · 결과를 나타내기 때문에 원칙적으로 현재에 진행 중인 동작을 표현하는 것은 아니다. 완료상동사의 인칭변화형은 동작이 말하는 時点에 진행 중이라 할지라도, 동작이 앞으로 완료될 것이라는 것을 나타내는 것이기 때문에 보통 미래시제로 간주한다(완료상동사의 인칭변화형을 현재 · 미래형이라고 부르기도 한다). 따라서 완료상은 과거와 미래, 2개의 시제를 갖는다고 생각하면 무리가 없다.

	불완료상	완료상
과거	чита́л	прочита́л
현재	чита́ю	없음
미래	бу́ду чита́ть	проочита́ю

연습문제

불완료상 또는 완료상을 선택하여 알맞은 형태를 넣으시오.

(1) чита́ть-прочита́ть

— Что вы де́лали вчера́?
— Вчера́ я ____ кни́гу.
— Вы ____ кни́гу?
— Нет, я ещё не ____ э́ту кни́гу.

(2) опа́здывать-опозда́ть

Этот студе́нт ча́сто ____ на уро́ки.
Вчера́ он опя́ть ____ .

(3) учи́ть-вы́учить

Сего́дня Андре́й хорошо́ ____ все слова́.
Он всегда́ хорошо́ ____ слова́.

(4) конча́ть-ко́нчить

Обы́чно он ____ рабо́тать в 5(пять) часо́в.
Вчера́ он ____ рабо́тать в 3(три) часа́.

(5) встреча́ть-встре́тить

Ка́ждый день я ____ Бори́са в библиоте́ке.
Вчера́ я ____ Бори́са в библиоте́ке.

(6) смотре́ть-посмотре́ть

Вчера́ весь ве́чер мы ____ телеви́зор.

Вчера́ вечером я ____ телевизор и сде́лала дома́шнее зада́ние.

(7) реша́ть-реши́ть

Мы ____ э́ти зада́чи весь уро́к.

Оле́г ____ все зада́чи пра́вильно.

(8) отвеча́ть-отве́тить

Когда́ мой това́рищ ____ уро́к, я слу́шал его́.

Когда́ он ____ уро́к, преподава́тель спроси́л меня́.

(9) объясня́ть-объясни́ть

Когда́ преподава́тель ____ но́вый текст, мы внима́тельно слу́шали.

Когда́ преподава́тель ____ но́вый текст, мы на́чали чита́ть его́.

☞ уро́к 수업/ опа́здывать 1 不完 (на+대격) 지각하다/ опя́ть 다시/ весь, вся, всё, все [定대명사] 온, 전체의; 모든: весь уро́к 수업시간 내내/ пра́вильно 정확하게/ отвеча́ть 1 不完 대답하다/ спроси́ть, -шу́, -сишь 完 묻다/ когда́ [관계부사] ~할 때(동안에); ~한 다음에/ внима́тельно 주의깊게

Уро́к 18

1. 남성활동체명사의 대격

이미 5과에서 타동사와 함께 사용되는 대격에 관하여 설명하였다. **-а**와 **-я**로 끝나는 여성명사를 제외하고는 모든 명사의 대격형은 주격형과 같았다.

그러나 남성명사의 경우에 모든 명사가 대격형과 주격형이 같은 것은 아니다. 러시아어에서는 남성명사를 활동체(생물)와 불활동체(무생물)로 구분하여 문법적으로 서로 다른 카테고리로서 취급한다. 5課에서 취급하였던 남성명사들은 모두 불활동체명사들로서 대격형과 주격형이 동일하였다. 그러나 사람 · 동물을 나타내는 활동체명사는 사정이 다르다. 활동체명사의 대격형은 주격형과 같지 않고, 속격형과 같다. 예를 들어, брат의 대격은 бра́та이다.

Это кни́га <u>бра́та.</u> 이것은 <u>남동생의</u> 책이다.
속격

Я люблю́ <u>бра́та.</u> 나는 <u>남동생을</u> 좋아한다.
대격

주 격 кто?	대 격 кого́? 누구를?	어미
Это студе́нт.	Я зна́ю студе́нта.	а
Это преподава́тель.	Я понима́ю преподава́теля.	я
Это Васи́лий.	Я зна́ю Васи́лия.	я

— Ты зна́ешь Макси́ма?
— Кого́? Макси́ма? Нет, не зна́ю. А кто он?
— Студе́нт. Он у́чится в гру́ппе №3(но́мер три).

— Анто́н, ты знал Ви́ктора ра́ньше?
— Да, знал, мы вме́сте учи́лись в шко́ле.
— Как зову́т профе́ссора Орло́ва?

— Его́ зову́т Ви́ктор Миха́йлович.
— А его́ сы́на зову́т то́же Ви́ктор?
— Да. Его́ сын то́же Ви́ктор Ви́кторович.

— Я ищу́ Влади́мира Ива́новича. Вы не зна́ете, где он?
— Влади́мир Ива́нович сейча́с в свое́й ко́мнате.

— Кого́ спра́шивал на сего́дняшнем уро́ке преподава́тель?
— Он спра́шивал Та́ню, Ни́ну, Серге́я и Игоря.
— Они́ хорошо́ отвеча́ли?
— Та́ня, Серге́й, Ни́на отвеча́ли хорошо́, а Игорь не о́чень.

☞ ког[в]о́? 누구를?: кто?의 대격형/ ищу́: иска́ть「찾다」→ 불규칙변화동사/ сегодняшний, -яя, -ее, -ие 오늘의

● 불규칙 현재형변화를 갖는 동사

ждать 不完 기다리다		
1	жду	ждём
2	ждёшь	ждёте
3	ждёт	ждут

— Кого́ ты ждёшь?
— Ма́рту.
— Она́ в библиоте́ке.
— Анна, что ты здесь де́лаешь?
— Ничего́ (не де́лаю). Я жду.
— Кого́?
— (Я жду) Анто́на. Он ча́сто опа́здывает.

☞ ничег[в]о́ (否定文에서 사용되어) 아무 것도 ...아니다

● 현재1인칭단수에서 자음교체(**д→ж**)가 일어나는 동사

ви́деть 보(이)다, 만나다		
1	ви́жу	ви́дим
2	ви́дишь	ви́дите
3	ви́дит	ви́дят

— Кого́ ты ви́дишь у́тром?
— Я ви́жу сосе́да и его́ жену́.

● 현재형변화에서 어간의 자음교체가 일어나는 동사

иска́ть 不完 찾다		
1	ищу́	и́щем
2	и́щешь	и́щете
3	и́щут	и́щут

— Что он сейча́с де́лает?
— Он и́щет ну́жную кни́гу в библиоте́ке.

☞ ну́жный, -ая, -ое, -ые 필요한

2. 不定인칭문

러시아어에는, 예를 들어, 이름을 묻는 표현 「Как вас зову́т?」와 같이, 주어가 없고, 술어가 3인칭 · 복수형(과거시제는 복수형)으로 표시된 형식이 있다. 이와 같은 표현형식을 不定인칭문이라고 한다. 不定인칭문은 말하는 사람의 관심이 동작 자체(술어)에 있고, 동작주(주어)에는 없는 경우에 사용한다. 우리말에서도 이와 같은 형식을 쉽게 찾아 볼 수가 있다. 예를 들어, 우리말의 「편의점에서 그 물건을 팝니다.」에서 주어는 사용하지 않는다.

— Как вас зову́т?
— Меня́ зову́т Макси́м.

— Нас приглаша́ют на у́жин.
— Кто?
— Ната́ша.

— Где продаю́т моро́женое?
— Моро́женое продаю́т в э́том моло́чном магази́не.

☞ пригла́ша́ть 不完 1 (대격)(на/в+대격) ~를 ~에 초대하다/ продава́ть, -даю́, -даёшь... -даю́т 不完 팔다/ моло́чный, -ая, -ое, -ые 우유제품의

연습문제

1. 괄호 안의 단어의 알맞은 형태를 넣으시오.

(1) Преподава́тель спра́шивает ____ . (студе́нт и студе́нтка)
(2) Утром я встреча́ю ____ . (това́рищ)
(3) Я жду здесь ____ . (оте́ц и мать)
(4) Я давно́ не ви́дел ____ . (сестра́)
(5) Студе́нты слу́шают ____ . (преподава́тель)
(6) В теа́тре мы ви́дели ____ . (Серге́й)
(7) Я хорошо́ зна́ю ____ . (Ко́ля)
(8) Я зна́ю его́ ____ . (дочь).

2. 남성의 불활동체명사, 활동체명사에 주의하여 질문에 답하시오.

(1) Что мы ви́дим на у́лице? (авто́бус, маши́на)
(2) Кого́ вы ви́дите на у́лице? (сосе́д и его́ жена́)

(3) Что вы еди́те у́тром? (рис, суп, ры́ба, мя́со)

(4) Что вы пьёте у́тром? (ко́фе, молоко́ и́ли чай)

(5) Кого́ слу́шают студе́нты? (поэ́т, писа́тель)

(6) Что слу́шают студе́нты? (конце́рт, пе́сня, му́зыка)

(7) Кого́ вы встреча́ете у́тром? (Ива́н и Анна)

(8) Что продаю́т в кио́ске? (газе́та, тетра́дь, ру́чка)

☞ това́рищ (학교 · 직장의) 동료/ давно́ 오랫동안, 오래 전부터/ ри́с 밥/ суп 수프/ ры́ба 생선/ мя́со 고기, 육류/ ко́фе 男 커피/ молоко́ 우유/ чай 茶/ поэт 시인/ пе́сня 노래/ кио́ск (길거리의)매점

Уро́к 19

1. 경변화형용사의 대격어미

경변화형용사, 즉 **но́вый**형, **ру́сский**형, **большо́й**형의 형용사는 대격에서 중성형은 주격형과 같다. 여성형은 어미 **-ая**가 **-ую**로 변화한다. 한편, 남성형의 경우는 형용사가 불활동체명사와 관계할 때는 대격형은 주격형과 같고, 활동체와 관계할 때는 속격형과 같다.

	男	中	女
주격	но́вый ру́сский большо́й	но́вое ру́сское большо́е	но́вая ру́сская больша́я
대격	но́вый / но́вого ру́сский / ру́сского большо́й / большо́го	но́вое ру́сское большо́е	но́вую ру́сскую большу́ю

— Како́й фильм вы смотре́ли вчера́?
— Вчера́ мы смотре́ли но́вый ру́сский фи́льм.

— Како́е письмо́ писа́ла Нина?
— Она́ писа́ла дли́инное письмо́.

— Кого́ пригласи́ли студе́нты в университе́т?
— Студе́нты пригласи́ли в университе́т ру́сского писа́теля.

— Куда́ ты идёшь?
— Я иду́ в университе́тскую библиоте́ку.

☞ дли́нный, -ая, -ое, -ые 긴/ пригласи́ть, -шу́, -си́шь 完 (в/на+대격) ~로 초청 · 초대하다/ университе́тский -ая, -ое, -ие 대학의

2. 연변화형용사의 대격어미

연변화형용사, 즉 **си́ний**형, **хоро́ший**형 형용사는 대격에서 중성형은 주격형과 같다. 여성형은 **-яя**가 **-юю**로 변화한다. 남성형의 경우는 경변화형용사와 마찬가지로, 형용사가 불활동체명사와 관계할 때는 대격형은 주격형과 같고, 활동체와 관계할 때는 속격형과 같다.

	男	中	女
주격	си́ний хоро́ший	си́нее хоро́шее	си́няя хоро́шая
대격	си́ний / си́него хоро́ший / хоро́шего	си́нее хоро́шее	си́нюю хоро́шую*

* **-юю**가 아니고, **-ую**로 된 것은 맞춤법 때문이다.

— Каку́ю газе́ту вы чита́ли?
— Я чита́ла вчера́шнюю газету.

Вчера́ мы слу́шали о́чень хоро́ший конце́рт.
Он давно́ не ви́дел мла́дшего бра́та.

☞ конце́рт 콘서어트, 연주회/ вчера́шний, -яя, -ее, -ие 어제의

3. 소유대명사의 대격어미

소유대명사도 중성형은 대격형과 주격형이 같다. 여성형은 대격에서 **-ю**의 어미를 갖는다. 남성형은, 형용사의 경우와 마찬가지로, 불활동체명사와 관계할 때는 대격형은 주격형과 같고, 활동체와 관계할 때는 속격형과 같다. **твой, свой** 「자신의」의 변화형은 **мой**와 같다. **ваш**의 변화형은 **наш**와 같다.

	男	中	女
주격	мой	моё	моя́
대격	мой / моего́	моё	мою́

	男	中	女
주격	наш	на́ше	на́ша
대격	наш / на́шего	на́ше	на́шу

— Как зову́т ва́шего преподава́теля?
— На́шего преподава́теля зову́т Алекса́ндр Серге́евич.
— Он давно́ рабо́тает в ва́шем университе́те?
— Я то́чно не зна́ю, но ду́маю давно́.

— Та́ня, кого́ ты здесь ждёшь?
— Я жду мою́ подру́гу Иру.
— Вы, ка́жется, идёте в кино́?
— Да, мы хоти́м посмотре́ть но́вый францу́зский фильм.

— Вы не ви́дели моего́ бра́та?
— Я ви́дела твоего́ бра́та на авто́бусной остано́вке.
— На авто́бусной остано́вке?
— Да, он ждал своего́ дру́га.

☞ давно́ 오래전부터/ то́чно 정확하게/ подру́га 여자친구/ ка́жется (삽입어) ~인 것 같다/ авто́бусный, -ая, -ое, -ые 버스의/ остано́вка 정류장

4. 지시대명사의 대격어미

지시대명사도 중성형은 대격형과 주격형이 같다. 여성형은 대격에서 -у의 어미를 취한다. 남성형은, 형용사의 경우와 마찬가지로, 불활동체명사와 관계할 때는 주격형과 같고, 활동체와 관계할 때는 속격형과 같다.

	男	中	女
주격	э́тот	э́то	э́та
전치격	э́тот / э́того	э́то	э́ту

— Како́е пла́тье ты наде́нешь сего́дня ве́чером?
— Я наде́ну вот э́то си́нее пла́тье. А ты?
— А я наде́ну э́тот се́рый костю́м.

— Вы чита́ли э́ту кни́гу?
— Кото́рую?
— Вот э́ту.
— А–а! Коне́чно. Интере́сная кни́га.

— Как зову́т э́того молодо́го челове́ка?
— Его́ зову́т Влади́мир.

☞ пла́тье (여성의)원피스/ наде́ть, -де́ну, -де́нешь 完 (의류를)입다/ се́рый, -ая, -ое, -ые 회색의/ костю́м 정장/ челове́к 사람

5. 時点 · 기간을 표현하는 대격

(1) 동작의 반복과 함께 사용되는 시간상황어

Ка́ждый день я встреча́ю в авто́бусе э́того челове́ка.
В э́том теа́тре програ́мма меня́ется ка́ждую неде́лю.
Ка́ждый ме́сяц мы получа́ем степе́ндию.

☞ ка́ждый, -ая, -ое, -ые 각각의, 모든/ меня́ться 1 不完 바뀌다, 변경되다/ получа́ть 1 不完 받다/ стипе́ндия 장학금

(2) 일정 기간을 표현하는 시간상황어

Весь день он занима́лся в библиоте́ке.

Она́ боле́ла це́лую неде́лю.

Ме́сяц мы прожи́ли на берегу́ мо́ря.

☞ боле́ть, -ле́ю, -ле́ешь 不完 앓다/ це́лый, -ая, -ое, -ые 전체의/ прожи́ть 完 (жить와 동일변화) (일정 기간을)생활하다, 살다/ бе́рег 물가; 강가; 바닷가

연습문제

1. 괄호 안의 단어결합을 알맞은 형태로 고치시오.

(1) Де́ти смо́трят ____ . (интере́сный фильм)

(2) Он хо́чет купи́ть в э́том магази́не ____ . (бе́лая руба́шка)

(3) Вы ви́дите на столе́ ____ ? (све́жая газе́та)

(4) Я хорошо́ понима́ю ____ . (наш но́вый преподава́тель)

(5) Я ча́сто ви́жу ____ . (э́та молода́я де́вушка)

(6) Я до́лжен ждать здесь ____ . (мой хоро́ший друг)

(7) Я люблю́ слу́шать ____ . (э́тот рок-певе́ц)

(8) Вы ви́дите ____ ? (на́ша но́вая библиоте́ка)

(9) Вы ви́дите ____ ? (на́ше но́вое общежи́тие)

2. 괄호 안의 단어결합을 알맞은 형태로 고치시오.

(1) Мы е́дем в ____ . (большо́й краси́вый го́род)

(2) Я е́ду в ____ . (родна́я дере́вня)

(3) Мы идём на ____ . (ру́сская фотовы́ставка)

(4) За́втра мы е́дем на экску́рсия в____ . (Третьяко́вская галере́я)

☞ бе́лый, -ая, -ое, -ые 흰색의/ руба́шка (러시아풍의)남방/ све́жий, -ая, -ее, -ие 최신의, 최근의/ рок-певе́ц, -вца́ 로크가수/ фотовы́ставка 사진전/ Третьяко́вская галере́я 트레짜코프미술관

Уро́к 20

定向동사와 不定向동사

이미 11課에서 한쪽 방향으로의 이동(운동)을 표현하는 **идти́**와 **е́хать**를 설명하였다. 그런데 러시아어에서는 한쪽 방향으로의 운동과 그렇지 않은 운동(여러 방향으로의 운동, 반복적 왕복동작, 1회 왕복동작)을 문법적으로 구분한다. 예를 들어, **идти́**와 문법적으로 대립하는 **ходи́ть**가 있다. **идти́**가 한쪽 방향운동을 표현하는 것과는 달리, **ходи́ть**는 여러 방향으로의 운동, 반복적인 왕복동작, 1회 왕복동작을 표현한다. 전자를 定向동사, 후자를 不定向동사라고 부른다. 한편, 교통수단을 이용한 한쪽 방향으로의 운동을 표현하는 **е́хать**가 있고, 그것에 대립하는 **е́здить**가 있다.

идти́와 **ходи́ть, е́хать**와 **е́здить**는 각각 한 쌍(pair)을 이루는 운동동사들이다. 러시아어에는 모두 17쌍의 운동동사가 있다. 그러나 기초 · 중급과정에서는 8쌍의 운동동사만을 알면 충분하다. 8쌍은 다음과 같다:

	정향동사	부정향동사
동사	идти́	ходи́ть
현재형 변화	иду́, идёшь, идёт идём, идёте, иду́т	хожу́, хо́дишь, хо́дит хо́дим, хо́дите, хо́дят
의미	(걸어서)가다 · 오다	(걸어서)다니다 · 갔다오다

Я ви́жу Ми́шу, он идёт в шко́лу. (한쪽방향운동)
Ка́ждое у́тро ма́ма хо́дит на ры́нок. (반복적 왕복운동)

— Куда́ вы ходи́ли в суббо́ту? (1회 왕복운동)
— Я ходи́ла в бассе́йн. (1회 왕복운동)

	정향동사	부정향동사
동사	е́хать	е́здить
현재형 변화	е́ду, е́дешь, е́дет е́дем, е́дете, е́дут	е́зжу, е́здишь, е́здит е́здим, е́здите, е́здят
의미	(차를 타고)가다 · 오다	(차를 타고)다니다 · 갔다오다

Сейча́с оте́ц е́дет на рабо́ту на авто́бусе. (한쪽방향운동)

— Вы е́здили в Петербу́рг? (1회 왕복운동)
— Нет, ещё не е́здила.

	정향동사	부정향동사
동사	бежа́ть	бе́гать1
현재형 변화	бегу́, бежи́шь, бежи́т бежи́м, бежи́те, бегу́т	
의미	(뛰어서)가다 · 오다	(뛰어서)다니다 · 갔다오다

Де́ти бегу́т в сад. (한쪽방향운동)
Де́ти бе́гают в саду́. (여러방향운동)

	정향동사	부정향동사
동사	лете́ть	лета́ть 1
현재형 변화	лечу́, лети́шь, лети́т лети́м, лети́те, летя́т	
의미	(비행기를 타고)가다 · 오다 비행기가 날아가다	(비행기를 타고)다니다 비행기가 날아다니다

Самолёт лети́т в Москву́. (한쪽방향운동)
В не́бе лета́ют пти́цы. (여러방향운동)

	정향동사	부정향동사
동사	плыть	пла́вать 1
현재형 변화	плыву́, плывёшь, плывёт плывём, плывёте, плыву́т	
의미	(배를 타고)가다 · 오다 (물고기 · 사람이)헤엄쳐가다 (배가) 가다 · 오다	(배를 타고)다니다 (물고기 · 사람이)수영하다 (배가)항해하다

Мы ви́дим парохо́д. Он плывёт в Пуса́н. (한쪽방향운동)
Де́ти пла́вают в бассе́йне. (여러방향운동)

	정향동사	부정향동사
동사	нести́	носи́ть
현재형 변화	несу́, несёшь, несёт несём, несёте, несу́т	ношу́, но́сишь, но́сит но́сим, но́сите, но́сят
의미	(들고)가다 · 오다	(들고)나르다 · 운반하다
과거형 변화	нёс(男), несла́(女) несло́(中), несли́(複)	

Он идёт в библиоте́ку и несёт кни́ги. (한쪽방향운동)
Ка́ждый день почтальо́н но́сит нам по́чту. (반복적 왕복운동)

	정향동사	부정향동사
동사	везти́	вози́ть
현재형 변화	везу́, везёшь, везёт везём, везёте, везу́т	вожу́, во́зишь, во́зит во́зим, во́зите, во́зят
의미	(싣고)가다 · 오다	(실어)나르다 · 운반하다
과거형 변화	вёз(男), везла́(女) везло́(中), везли́(複)	

Этот челове́к е́хал на метро́ и вёз чемода́н. (한쪽방향운동)
Мы ка́ждую неде́лю во́зят о́вощи на ры́нок. (반복적 왕복운동)

	정향동사	부정향동사
동사	вести́	води́ть
현재형 변화	веду́, ведёшь, ведёт ведём, ведёте, веду́т	вожу́, во́дишь, во́дит во́дим, во́дите, во́дят
의미	(데리고)가다 · 오다	(데리고)다니다 · 갔다오다
과거형 변화	вёл(男), вела́(女) вело́(中), вели́(複)	

Сего́дня мать ведёт ребёнка в де́тский сад. (한쪽방향운동)
Ка́ждое у́тро мать во́дит ребёнка в де́тский сад.(반복적 왕복운동)

☞ бассе́йн 수영장/ самолёт 비행기/ не́бо 하늘/ пти́ца 새/ парохо́д 기선/ почтальо́н 우체부/ нам 우리들에게: мы의 여격형/ по́чта 우편물/ чемода́н 여행용가방/ де́тский, -ая, -ое, -ие 아동용의; де́тский сад 유치원

● 不定向동사의 그 이외의 의미

(1) 능력을 나타낸다

Ребёнок уже́ хо́дит. 아이가 벌써 걷는다.
Он хорошо́ пла́вает. 그 사람은 수영을 잘한다.

(2) 보조동사와 함께 동작자체를 가리킨다

Я люблю́ ходи́ть пешко́м. 나는 걷는 것을 좋아한다.
Де́ти у́чатся пла́вать. 아이들은 수영을 배우고 있다.

연습문제

주어진 운동동사의 쌍에서 알맞은 하나를 골라 문장을 완성하시오.

(1) a) Сейча́с мой брат ____ в шко́лу.
  b) Ка́ждый день мой брат ____ в шко́лу.
  идти́-ходи́ть

(2) a) Она́ ____ ме́дленно.
  b) Она́ всегда́ ____ ме́дленно.
  идти́-ходи́ть

(3) a) Ле́том мы обы́чно ____ в дере́вню.
  b) Сейча́с мы ____ в дере́вню.
  е́хать-е́здить

(4) a) Он лю́бит ____ на мотоци́кле.
  b) Она́ уме́ет ____ на велосипе́де.
  е́хать-е́здить

(5) a) Посмотри́те, грузови́к ____ о́вощи.
  b) Грузовики́ ка́ждый день ____ о́вощи.
  везти́-вози́ть

(6) a) Посмотри́, на́ши студе́нты ____ на уро́к.
  b) Этот спортсме́н ____ быстро.
  бежа́ть-бе́гать

(7) a) Этот самолёт ____ в Москву́.
b) Самолёты ____ в Москву́ ка́ждый день.
лете́ть-лета́ть

(8) a) Эта же́нщина всегда́ ____ нам молоко́.
b) Куда́ вы ____ кни́ги?
нести́-носи́ть

(9) a) Посмотри́те, како́й большо́й теплохо́д ____ там.
b) Мой ста́рший брат — капита́н. Он ____ на парохо́де.
плыть-пла́вать

(10) Мой брат ча́сто ___ в Петербу́рг. В про́шлое воскресе́нье он ____ в Петербу́рг. Когда́ он ____ туда́, была́ плоха́я пого́да. Мой брат лю́бит ____ на самолёте, а я не люблю́ ____ на самолёте. лете́ть-лета́ть

☞ мотоци́кл 오토바이/ уме́ть 1 不完 (+부정형) ~할 줄 안다(지식이나 경험에 의해서 습득한 능력을 가리킨다)/ посмотри́те 보세요: посмотре́ть 完 「보다」의 명령법/ грузови́к 트럭/ же́нщина 여성, 부인/ теплохо́д 디젤선

Уро́к 21

1. 명사의 단수 · 여격어미

여격은 간접목적어를 표현한다. 우리말에서의 간접목적어는 조사 「에게」로 표현한다. 명사 · 단수의 여격을 표시하는 어미는 기본형(단수 · 주격형)의 마지막 문자가 -자음인 남성명사와 -o인 중성명사는 -y이다. 그리고 -ь와 -й인 남성명사 및 -e인 중성명사는 -ю가 된다. 한편, -a, -я인 여성명사는 -e를 취한다. -ь로 끝나는 여성명사는 -и로 된다. -ия로 끝나는 여성명사는 어미가 -ии로 된다. 여격을 표시하는 어미를 정리하면 다음과 같다.

	주 격	여 격	어미
남성 중성	брат оте́ц окно́	бра́ту отцу́ окну́	у
	преподава́тель музе́й общежи́тие	преподава́телю музе́ю общежи́тию	ю
여성	сестра́ тётя	сестре́ тёте	е
	пло́щадь	пло́щади	и
	аудито́рия	аудито́рии	ии

2. 간접목적어를 나타내는 여격

— Кому́ вы купи́ли э́ту кни́гу?

— Я купи́л э́ту кни́гу това́рищу.

— Кому́ Ната́ша писа́ла письмо́ весь ве́чер?
— Весь вече́р она́ писа́ла письмо́ подру́ге Лари́се.

— Кому́ Ди́ма показа́л фотогра́фии?
— Ди́ма показа́л фотогра́фии Серге́ю Ива́новичу.

☞ тётя (외)숙모/ кому́? 누구에게?/ подруга 여자친구/ показа́ть, -кажу́, -ка́жешь 完 보여주다/ подари́ть 2 完 선물하다

3. 인칭대명사의 여격형

주 격	여 격
я	мне
ты	тебе́
он/оно́	ему́
она́	ей
мы	нам
вы	вам
они́	им

Я ему́ не́сколько раз звони́л, но его́ не́ было.
Автор подари́л мне свою́ кни́гу.
Этот пода́рок я даю́ вам.

☞ не́сколько раз 여러 번/ звони́ть 2 不完 전화를 걸다/ а́втор 著者/ подари́ть 2 完 선물하다/ пода́рок 선물/ дава́ть, -даю́, -даёшь 不完 주다

4. 나이의 표현

나이의 표현은 먼저 수량을 묻는 의문사 ско́лько?(「얼마나?」)를 사용하고,

나이를 먹는 사람은 여격으로 표시한다. 나이는 대격으로 표시한다.

나이를 표현하는 **год**는 1(оди́н)과 관계할 때는 **год**, 그리고 2, 3, 4와 관계할 때는 **го́да**(단수 · 속격), 5이상의 數와는 **лет**(복수 · 속격)가 된다. **ско́лько?**와 결합할 때도 **лет**로 된다.

— Ско́лько вам лет?
— Мне 21 год(23 го́да).

— Ско́лько лет отцу́?
— Ему́ 45 лет.

5. нра́виться-понра́виться의 용법

우리말에는 어떤 대상을 좋아한다는 뜻으로 「~가 ..에게 마음에 들다」라는 표현형식이 있다. 러시아어에도 이것과 똑같은 형식이 존재한다. 동사 **нра́виться**(「마음에 들다」)를 사용하여 마음에 들어하는 사람(주체)은 여격으로 표시하고, 마음에 드는 대상은 주격(주어)으로 표시한다. 마음에 드는 대상이 동작일 경우에는 동사부정형으로 표시한다.

Преподава́телю нра́вится э́тот уче́бник.
Мне нра́вятся э́ти пе́сни.
Мне нра́вится слу́шать класси́ческую му́зыку.
Вчера́ мы бы́ли в но́вом кафе́. Нам понра́вилось но́вое кафе́.

— Вчера́ мы бы́ли в но́вой библиоте́ке.
— Вам понра́вилась но́вая библиоте́ка?
— Да, о́чень понра́вилась. (Нет, не понра́вилась.)

☞ **нра́виться, -влю́сь, -вится** 不完 마음에 들다/ **класси́ческий, -ая, -ое, -ие** 고전의/ **понра́виться** 完 마음에 들다

6. 여격을 요구하는 동사

여격을 요구하는 동사로는 расска́зывать 「이야기하다」, объясня́ть 「설명하다」, дава́ть 「주다」, звони́ть 「전화하다」, пока́зывать 「보여주다」, покупа́ть 「사다」 등이 있다. 이 밖에도 주로 동사부정형과 함께 사용되는 다음과 같은 동사들이 있다: помога́ть –помо́чь 「도와주다」, меша́ть – помеша́ть 「방해하다」, разреша́ть – разреши́ть 「허락하다」, запреща́ть – запрети́ть 「금지하다」, сове́товать – посове́товать 「조언하다」

Дочь помога́ет ма́тери гото́вить обе́д.
딸은 어머니의 식사준비를 도와준다.

Шум меша́ет мне занима́ться.
소음이 나의 공부에 방해가 된다.

Мать разреши́ла сы́ну идти́ в кино́.
어머니는 아들이 영화관에 가는 것을 허락하였다.

Врач запрети́л отцу́ мно́го ходи́ть.
의사는 아버지가 많이 걷는 것을 금하였다.

До́ктор сове́тует ему́ отдохну́ть.
의사는 그 사람에게 휴식을 취할 것을 권한다.

☞ ма́тери 어머니에게: мать의 불규칙 여격형/ шум 소음; 떠들썩함/ до́ктор 의사/ отдохну́ть, -ну́, нёшь 完 휴식을 취하다

7. 여격지배 전치사: к, по

(1) 전치사 к

이미 11과에서 설명하였듯이, 운동의 「목표」를 표현하는 경우에 전치사 в 또는 на를 사용한다. 그러나 「누구에게 간다」, 즉, 목표가 「사람이 있는 곳」이라면 в/на가 아니고, к를 사용한다.

Я иду́ к врачу́.

Ле́том я е́здила в дере́вню к ба́бушке.

(2) 전치사 по

전치사 по는 운동이 이루어지고 있는 공간 또는 그 표면을 가리킨다.

Студе́нты иду́т по коридо́ру.

Маши́на бежи́т по шоссе́.

Мы до́лго ходи́ли по вы́ставке.

☞ коридо́р 복도/ шоссе́ 포장도로

연습문제

1. 괄호 안의 단어의 알맞은 형태를 넣으시오.

(1) Он подари́л футбо́лки ____ . (сын)
(2) Студе́нты да́ли тетра́ди ____ . (преподава́тель)
(3) Ма́льчик подари́л цветы́ ____ . (учи́тельница)
(4) Преподава́тель сове́тует ___ прочита́ть э́тот рома́н. (Та́ня)
(5) Оля всегда́ помога́ет ___ гото́вить у́жин. (Мари́я)
(6) За́втрая обяза́тельно позвоню́ ____ . (де́душка)
(7) Ма́ма купи́ла часы́ ____ . (оте́ц) ?
(8) Вы разреша́ете ____ прочита́ть э́то письмо́? (я)

2. 보기와 같이, 나이의 표현을 만들어 보시오.

보기: Иван, 8 → Ива́ну во́семь лет.

(1) Оле́г, 22 →
(2) Са́ша, 14 →

(3) Алексе́ю Влади́мирович, 44 →

(4) Мари́я Ива́новна, 67 →

(5) оте́ц, 51 →

(6) брат, 28 →

3. 동사 понра́виться의 알맞은 형태를 넣으시오.

В воскресе́нье на́ша семья́ была́ в ру́сском рестора́не. Нам о́чень ____ рестора́н и ____ ру́сские блю́да. Ма́ме о́чень ____ суп, а сестре́ ____ ры́ба. Па́пе .... мя́со.

4. 괄호 안의 단어를 알맞은 형태로 고치시오.

(1) Теплохо́д плывёт по ____ . (Во́лга)

(2) Мы гуля́ли по ____ . (у́лица)

(3) В сре́ду я ходи́ла к ____ . (врач)

(4) Здесь живёт мой друг. Я иду́ к ____ . (он)

(5) Вчера́ я ходи́л в общежи́тие к ____ . (друг)

☞ футбо́лка (소매가 없는)셔츠/ дать 完 주다/ цветы́ 復 꽃/ учи́тельница (초 · 중등학교의)여교사/ рома́н 소설/ обяза́тельно 꼭, 반드시/ часы́ 復 시계/ блю́до 요리, 음식

Уро́к 22

1. 경변화형용사의 여격어미

경변화형용사, 즉 но́вый형, ру́сский형, большо́й형의 형용사는 여격에서 남성 · 중성형은 **-ому**, 여성형은 **-ой**를 어미로 취한다.

	男 · 中		女
주 격	но́вый ру́сский большо́й	но́вое ру́сское большо́е	но́вая ру́сская больша́я
여 격	но́вому ру́сскому большо́му		но́вой ру́сской большо́й

— Кому́ ты дала́ слова́рь?
— Я дала́ слова́рь но́вому студе́нту Макси́му.

— Кому́ оте́ц купи́л игру́шки?
— Оте́ц купи́л игру́шки ма́ленькому сы́ну.

Я купи́л биле́т в теа́тр знако́мой студе́нтке.
Врач сде́лал опера́цию больно́й де́вочке.

☞ биле́т в теа́тр 극장표/ знако́мый, -ая, -ое, -ые 안면있는/ игру́шка 장난감/ опера́ция 수술: де́лать опера́цию 수술을 하다/ больно́й, -а́я, -о́е, -ы́е (병을)앓는, 아픈

2. 연변화형용사의 여격어미

연변화형용사, 즉 си́ний형, хоро́ший형 형용사는 여격에서 남성 · 중성형은 **-ему**, 여성형은 **-ей**를 어미로 취한다.

	男 · 中		女
주 격	си́ний хоро́ший	си́нее хоро́шее	си́няя хоро́шая
여 격	си́нему хоро́шему		си́ней хоро́шей

— Кому́ вы написа́ли письмо́?
— Я написа́ла письмо́ хоро́шему дру́гу.

Я покупа́ю де́тские кни́ги мла́дшему бра́ту.
Я позвони́л ста́ршей сестре́.
Я подари́л цветы́ сосе́дней де́вушке.

3. 소유대명사의 여격어미

소유대명사는 여격에서 남성 · 중성형은 **-ему**를, 여성형은 **-ей**의 어미를 갖는다. **твой, свой**「자신의」의 변화형은 **мой**와 같다. **ваш**의 변화형은 **наш**와 같다.

	男 · 中		女
주 격	мой	моё	моя́
여 격	моему́		мое́й

	男 · 中		女
주 격	наш	на́ше	на́ша
여 격	на́шему		на́шей

— Кому́ помога́ет Ве́ра?
— Ве́ра помога́ет на́шему ста́рому де́душке.

— Кому́ вы сове́туете изуча́ть ру́сский язы́к?
— Я сове́тую изуча́ть ру́сский язы́к мое́й мла́дшей сестре́.

Он помога́ет изуча́ть ру́сский язы́к на́шей но́вой студе́нтке.
Мать купи́ла су́мку свое́й мла́дшей до́чери.

☞ су́мка 손가방, 핸드백/ до́чери 딸에게: дочь의 불규칙 여격형

4. 지시대명사의 여격어미

지시대명사는 여격에서 남성 · 중성형은 -ому을, 여성형은 -ой의 어미를 갖는다.

	男 · 中		女
주 격	э́тот	э́то	э́та
전치격	э́тому		э́той

— Кому́ вы подари́ли цветы́?
— Я подари́л цветы́ э́той краси́вой де́вушке.

Преподава́тель дал кни́ги э́той студе́нтке.
Врач не разреша́ет кури́ть э́тому больно́му студе́нту.

☞ разреша́ть 1 不完 (여격)(대격/부정형)허락하다/ кури́ть 2 不完 흡연하다/ дать, дам, дашь, даст, дади́м, дади́те, даду́т 完 주다

5. 소유대명사 свой의 용법

소유대명사 **свой**(「자신의」)는 주어가 1, 2인칭인 경우에는 **мой, наш, твой, ваш**와 구분없이 사용할 수 있지만, 주어가 3인칭인 경우에는 **его́, её, их**와 구분하여 사용하여야 한다. 주어가 3인칭인 경우에, **свой**를 사용하면, **свой**와 관계하는 명사는 주어의 소속이 되지만, **свой** 대신에, 예를 들어, **его́**를 사용하게 되면, **его́**와 관계하는 명사는 주어의 소속이 아니다.

Я пишу́ в свое́й(=мое́й) тетра́ди.
Это твой брат Воло́дя. Ты говори́шь о своём(=твоём) бра́те.
Мы всегда́ занима́емся в своём(=на́шем) кла́ссе.

그러나

Анто́н говори́т о свое́й семье́. (안톤의 가족)
Анто́н говори́т о его́ семье́. (안톤의 가족이 아닌 타인의 가족)

Анна расска́зывает о свое́й но́вой рабо́те. (안나의 새로운 일)
Анна спра́шивает о её но́вой рабо́те. (다른 여자의 새로운 일)

6. 불규칙변화형: мать「어머니」, дочь「딸」

1	мать	дочь
2	ма́тери	до́чери
3	ма́тери	до́чери
4	мать	дочь
5	ма́терью	до́черью
6	ма́тери	до́чери

연습문제

1. 괄호 안의 단어를 알맞은 형태로 고치시오.

(1) Я написа́л письмо́ ____ . (бли́зкий друг)

(2) Вчера́ Вади́м позвони́л ____ . (моя́ ста́ршая сестра́)

(3) Он показа́л фотогра́фии ____ . (ваш но́вый преподава́тель)

(4) Мы сове́туем ____ посмотре́ть э́тот фильм. (на́ша но́вая студе́нтка)

(5) Наш това́риш купи́л биле́т в кино́ ____ . (его́ сосе́д)

(6) Она́ посыла́ет де́тские кни́ги ____ . (её мла́дшая сестра́)

2. 괄호 안의 단어를 알맞은 형태로 고치시오.

(1) ____ со́рок пять лет. (мой оте́ц)

(2) ____ два́дцать оди́н год. (э́тот студе́нт)

(3) ____ два́дцать во́семь лет. (ста́ршая дочь)

(4) ____ со́рок три го́да. (моя́ мать)

3. 괄호 안의 단어를 알맞은 형태로 고치시오.

(1) По́сле уро́ка мы ходи́ли к ____ . (наш профе́ссор)

(2) Ка́ждое воскресе́нье он е́здил к ____ . (его́ сестра́)

(3) Они́ ходи́ли в го́сти к ____ . (их ста́рый учи́тель)

(4) Оте́ц хо́дит на рабо́ту по ____ . (э́та у́лица)

(5) Мы гуля́ли по ____ . (Кра́сная пло́щадь)

☞ бли́зкий, -ая, -ое, ие 가까운/ показа́ть, -кажу́, -ка́жешь 完 보여주다/ посыла́ть 1 不完 보내다/ по́сле (+속격) ~한 이후에/ гость 男 손님; идти́ в го́сти 초대받아 가다(손님자격으로 가다)/ учи́тель 男 (초 · 중등학교의)교사/ Кра́сная пло́щадь 붉은광장

Уро́к 23

1. 형용사 短어미

이제까지 학습하였던 형용사는 관계하는 명사의 性 · 數 · 格에 따라 語形 변화를 하였다. 이와 같은 형용사를 長어미형용사라고 한다. 그러나 러시아어에 있어서 성질형용사, 즉 사물의 성질 · 특성을 나타내는 형용사는 長어미형 뿐만 아니라, 短어미형도 가지고 있다. 長어미형용사는 주로 뒤에 있는 명사를 수식하는 한정적인 기능 및 주어의 특성을 묘사하는 서술적인 기능을 하지만, 短어미 형용사는 오직 서술적 기능밖에는 하지 못한다.

장어미	Он о́чень у́мный челове́к. 현명한 사람이다	한정적
	Он о́чень у́мный. 그 사람은 매우 현명하다	서술적
단어미	Он о́чень умён. 그 사람은 매우 현명하다	서술적

형용사단어미형은 형용사의 장어미(**-ый**, **-о́й** 또는 **-ий**)를 지우고, 어간에 주어가 남성이면, 어미는 없고, 여성이면, **-а**, 중성은 -о(е), 복수는 **-ы(и)**를 붙여 만든다. 단, 어미는 格변화를 하지 않는다.

	краси́в-ый 예쁜; 예쁘다	**у́мн-ый** 현명한; 현명하다	**похо́ж-ий** 닮은; 닮다
남성	Он краси́в.	Он умён.*	Он похо́ж
여성	Она́ краси́ва.	Она́ умна́.	Она́ похо́жа.
중성	Оно́ краси́во.	—	Оно́ похо́же.**
복수	Они́ краси́вы.	Они́ умны́.	Они́ похо́жи.**

* 남성에서 어간이 연속하는 2개의 자음으로 끝나면, 그 사이에 е(о)를 넣는다.

** 어간이 **ж, ш, ч, щ**로 끝나고, 악센트가 어간에 있으면, 중성어미는 е로 된다. 또한 어간이 **к, г, х, ж, ш, ч, щ**로 끝나면, 맞춤법에 의해 복수어미는 **и**가 된다.

2. 형용사 短어미의 시제

형용사 단어미가 술어로 사용되는 구문의 과거 및 미래시제는 **быть**의 과거 및 미래형을 주어와 일치시켜 단어미 앞에 놓아 표시한다.

현 재	과 거	미 래
Он за́нят. Она́ занята́. Они́ за́няты.	Он был за́нят. Она́ была́ занята́. Они́ бы́ли за́няты.	Я бу́ду за́нят(а́). Мы бу́дем за́няты. Они́ бу́дут за́няты.

— Ты бу́дешь свобо́ден за́втра?
— Да, за́втра я бу́ду свобо́ден.

— Почему́ ты не́ был на рабо́те?
— Я был бо́лен.

☞ за́нят, -а́, -ы 바쁘다: за́нятый 「바쁜」의 단어미/ свобо́ден, -дна, -дно, -дны 한가하다: свобо́дный 「한가한」의 단어미/ бо́лен, -льна́, -льны́ 아프다: больно́й 「아픈」의 단어미

3. 형용사 短어미 **до́лжен**의 용법

형용사단어미 до́лжен은 동사부정형과 함께 사용하여 ①「~해야 한다」, (의무) ②「당연히(틀림없이) ~할(될) 것이다」(강한 가능성)의 의미를 갖는 술어이다. 주어의 性·數에 따라 다음과 같이 변화한다.

남성	до́лжен	Он до́лжен отдыха́ть.
여성	должна́	Она́ должна́ отдыха́ть.
중성	должно́	—
복수	должны́	Мы должны́ отдыха́ть.

Дéти должны́ пить э́то лека́рство ка́ждый день.
Ба́бушка должна́ пить лека́рство 2(две) неде́ли.
Ты до́лжен вы́пить э́то лека́рство.
Вы не должны́ пить алкого́ль.

☞ лека́рство 약/ неде́ля 週/ вы́пить (пить와 동일변화) 完 마시다/ алко-го́ль 男 술

「до́лжен+동사부정형」이 사용된 구문의 과거 및 미래시제는 быть의 과거형과 미래형으로 표시한다.

과거	Вчера́ он до́лжен был рабо́тать. Она́ должна́ была́ давно́ э́то сде́лать. Они́ должны́ бы́ли получи́ть э́ти биле́ты.
미래	За́втра он до́лжен бу́дет рабо́тать. Вы должны́ бу́дете встава́ть пора́ньше.

☞ получи́ть, -чу́, -чишь... -чат 完 받다/ пора́ньше 좀더 일찍

4. 동작동사와 상태동사

러시아어에서는 동작과 상태를 구분하여 그 의미를 서로 다른 동사로 표시한다. 예를 들어, 「놓다」(класть)와 「놓여있다」(лежа́ть)는 별개의 동사이다. 동작을 나타내는 класть는 전치사(в, на, за 등)와 함께 대격의 장소상황어(куда́?「어디로?」)를 필요로 하지만, 상태를 나타내는 лежа́ть는 전치격의 상황어(где?「어디에?」)를 요구한다. 동작과 상태를 구분하는 동사로는 다음과 같은 것들이 있다.

동작동사(куда́?)		상태동사(где?)
불완료상	완료상	불완료상
класть	положи́ть「놓다」「넣다」	лежа́ть「놓여있다」
ста́вить	поста́вить「세워놓다」	стоя́ть「서있다」
ве́шать	пове́сить「걸다」	висе́ть「걸려있다」
сади́ться	сесть「앉다」「(차에)타다」	сиде́ть「앉아있다」
ложи́ться	лечь「눕다」	лежа́ть「누워있다」

● 동작 및 상태동사의 현재변화

класть「놓다」「넣다」: кладу́, кладёшь... кладу́т
положи́ть「놓다」「넣다」: положу́, поло́жишь... поло́жат
лежа́ть「놓여있다」「누워있다」: лежу́, лежи́шь... лежа́т
ста́вить「세워놓다」: ста́влю, ста́вишь... ста́вят
стоя́ть「서있다」: стою́ , стои́шь... стоя́т
пове́сить「걸다」: пове́шу, пове́сишь... пове́сят
висе́ть「걸려있다」: вишу́, виси́шь... вися́т
сади́ться「앉다」「(교통수단에)타다」: сажу́сь, сади́шься... садя́тся
сесть「앉다」「(교통수단에)타다」: ся́ду, ся́дешь... ся́дут
сиде́ть「앉아있다」: сижу́, сиди́шь... сидя́т
ложи́ться「눕다」: ложу́сь, ложи́шься... ложа́тся
лечь「눕다」: ля́гу, ля́жешь... ля́гут

Преподава́тель кладёт кни́ги на стол.
Кни́ги лежа́т на столе́.

Мы ста́вим кни́ги в кни́жный шкаф.
Кни́га стои́т на по́лке.

Де́вочка ве́шает полоте́нце на крючо́к.
Карти́на виси́т на стене́.

Я иногда́ сажу́сь на авто́бус.

Де́душка сиди́т в кре́сле.

Ка́ждый день я ложу́сь спать в 10 часо́в.
Она́ лежи́т на дива́не.

☞ кни́жный шкаф 책장/ по́лка 선반/ полоте́нце 수건/ крючо́к 후크 (hook)/ карти́на 그림/ кре́сло 안락의자/ дива́н (3,4인용의)긴의자

연습문제

1. 주어진 장어미 또는 단어미를 골라 알맞은 형태로 고치시오.

(1) — Ты бу́дешь ____ сего́дня? свобо́дный
— Да, у меня́ бу́дет ____ ве́чер. свобо́ден

(2) Сего́дня он о́чень ____ . за́нятый
Он о́чень ____ челове́к. за́нят

2. 주어진 단어미형의 알맞은 형태를 넣으시오.

(1) У нас до́ма все ____ . здоро́вый
(2) Рома́н был о́чень ____ . интере́сный
(3) Дочь ____ на мать, а сын ____ на отца́. похо́жий
(4) — Вы ____ ? — Нет, я ещё не ____ . гото́вый

☞ все 모두(들)/ рома́н 장편소설/ здоро́вый, -ая, -ое, -ые 건강한/ гото́вый, -ая, -ое, -ые 준비된

3. до́лжен의 알맞은 형태를 넣으시오.

(1) Ве́чером я ____ писа́ть письмо́ домо́й.
(2) Все студе́нты ____ купи́ть э́тот слова́рь.
(3) Вы ____ говори́ть по-ру́сски весь уро́к.

(4) Она́ обяза́тельно ____ сказа́ть об э́том.

(5) Ты не ____ звони́ть так по́здно.

4. класть, ста́вить, ве́шать와 лежа́ть, стоя́ть, висе́ть를 사용하여 문장을 완성시키시오.

(1) Он никогда́ не ____ ве́щи на ме́сто.
Его́ ве́щи ____ не на ме́сте. 물건은 제자리에 있지 않다

(2) — Куда́ мы ____ цветы́ ? — В ва́зу.
Цветы́ ____ в ва́зе.

(3) Мы ____ карти́ны на сте́ну.
Карти́на ____ на стене́.

(4) Ма́ма ____ фру́кты на таре́лку.
Они́ ____ на таре́лке.

☞ обяза́тельно 반드시, 꼭 / так 그렇게/ никогда́ не 결코 ..아니다/ вещь 女 물건/ цветы́ 複 꽃/ ме́сто 자리; на ме́сто 제자리로/ ва́за 꽃병/ таре́лка 접시

Уро́к 24

1. 접두사가 붙은 운동동사

20課에서 정향동사 및 부정향동사에 관하여 학습하였다. 정향 · 부정향동사는 모두 불완료상이다. 그렇지만, 접두사가 붙으면, 정향동사로부터는 완료상, 부정향동사로부터는 불완료상이 만들어 진다. 접두사가 붙게 되면, 정향 · 부정향동사의 의미상의 구별은 없어지고, 접두사가 갖는 고유의 의미와 동사의 어휘적 의미가 합성된다. 예를 들어, 정향 · 부정향동사의 쌍인 **идти́-ходи́ть, е́хать-е́здить**에 접두사가 각각 붙게 되면, 다음과 같은 완료상－불완료상의 동사가 파생한다.

완료상	불완료상	의 미
прийти́*	приходи́ть	(걸어서) 도착하다
войти́**	входи́ть	들어가다
вы́йти	выходи́ть	나가다; 내리다
подойти́***	подходи́ть	다가가다, 접근하다
отойти́***	отходи́ть	물러나다, 멀어지다
уйти́	уходи́ть	건너가다, 이동하다
дойти́	доходи́ть	가버리다, 떠나다
перейти́	переходи́ть	(~지점까지) 가다
пройти́	проходи́ть	지나가다, 통과하다
прие́хать	приезжать****	(타고) 도착하다
уе́хать	уезжа́ть	(타고) 가버리다
дое́хать	доезжа́ть	(~지점까지) 타고가다
↓	↓	

* **идти́**는 접두사가 붙으면 **-йти**로 된다.
** 접두사 **в-**는 **-йти**앞에서는 **во-**로 된다.
*** 접두사 **под-**, **от-**는 **-йти**앞에서는 **подо-**, **ото-**가 된다.
**** **е́здить**는 접두사가 붙으면 **-езжать**로 바뀐다.

2. 접두사의 의미

접두사	의 미	접두사	의 미
по-	출발, 시작	у-	사라짐(去)
при-	도착	под-	접근
до-	(지점)도달	от-	멀어짐(離間)
в-	안(內)	пере-	이동(越)
вы-	밖(外)	про-	통과

— Оте́ц до́ма?
— Нет, он уже́ пое́хал на рабо́ту.

(버스 안에서)
— Прости́те, вы выхо́дите на сле́дующей остано́вке?
— Нет, не выхожу́.
— Разреши́те пройти́! 좀 지나가겠습니다(통과하겠습니다)
— Пожа́луйста 예, 좋습니다(동의)

— Ва́ша гру́ппа в аудито́рии?
— Нет, все ушли́ в столо́вую.

Он по́здно ве́чером пришёл домо́й.
Он подошёл ко мне.
По́езд отошёл в 4 часа́ от ста́нции.
Я дое́хал до це́нтра на метро́.
Ско́ро авто́бус дохо́дит до сле́дующей остано́вки.
Мы перешли́ (че́рез) у́лицу и вошли́ в магази́н.
Он ча́сто прохо́дит ми́мо на́шего до́ма.

☞ простите 미안합니다/ остановка 정류장 / поздно 늦게: [д]는 묵음/ подойти 完 (к+여격) ~로 다가가다(오다)/ отойти 完 (от+속격)(교통수단이) ..로부터 출발하다/ доехать 完 (до+속격)~까지 타고가다/ до (+속격) (공간적 · 시간적 한계) ~까지/ через (+대격)통과 · 경유하여/ мимо(+속격) ~의 옆을 지나가다

3. 공간을 표현하는 전치사

주로 운동동사와 함께 사용되어 운동의 목적을 나타내는 전치사 **в**와 **на**는 이미 설명하였다. **в**와 **на** 이외에도, 안에서 밖으로의 운동의 방향(「~안으로부터」, 또는 이동의 출발점(「(장소)로부터」)을 나타내는 전치사 **из**, **с**, **от**가 있다. **из**, **с**, **от**는 모두 속격을 요구하는 전치사이다.

(1) 전치사 из

전치사 **из**(「~로부터」)는 운동의 목적을 나타내는「в +대격」으로 표현하는 장소로부터의 운동을 표현한다.

куда? 어디로?	откуда? 어디로부터?
в+대격 「~로」	из+속격 「~로부터」
— Куда ты идёшь? — Я иду в университет.	— Откуда ты идёшь? — Я иду из университета.

— Откуда вы приехали?
— Из Кореи. (Мы приехали из Кореи).

Обычно Миша выходит из дома в 8 часов.
На прошлой неделе мы переехали из Москвы в Петербург.

(2) 전치사 с

전치사 **с**(「~로부터」)는 운동의 목적을 나타내는「на+대격」으로 표현하는 장소로부터의 운동을 표현한다.

куда́? 어디로?	отку́да? 어디로부터?
на+대격「~로」	с+속격「~로부터」
— Куда́ ты идёшь? — Я иду́ на вы́ставку.	— Отку́да ты идёшь? — Я иду́ с вы́скавки.

— Вчера́ я ходи́л на конце́рт.

— Когда́ ты верну́лся с э́того конце́рта?

— Я пришёл домо́й по́здно ве́чером.

(3) 전치사 от

전치사 от(「~로부터」)는 운동의 목적을 나타내는「к+여격」(여격은 사람을 가리킨다)으로 표현하는 장소로부터의 운동을 표현한다.

куда́? 어디로?	отку́да? 어디로부터?
к+여격「(사람)한테」	от+속격「(사람)으로부터」
— Куда́ ты идёшь? — Я иду́ к врачу́.	— Отку́да ты идёшь? — Я иду́ от врача́.

— Отку́да ты пришёл?

— Я пришёл от дру́га из общежи́тия.

— Отку́да ты верну́лась?

— Я верну́лась от ба́бушки из дере́вни.

☞ отку́да? 어디로부터?/ Коре́я 한국/ перее́хать 完 이사가다 · 오다/ верну́-ться, -ну́сь, -нёшься 完 돌아가다 · 오다

연습문제

1. 운동동사와 함께 사용되는 전치사에 주의하면서 번역하시오.

(1) Он всегда́ прихо́дит на рабо́ту во́время.

(2) Она́ откры́ла дверь, вошла́ в ко́мнату и подошла́ к столу́.

(3) Студе́нт отошёл от доски́.

(4) Сего́дня я вы́шел из до́ма ра́ньше и пошёл на рабо́ту.

(5) Обы́чно она́ доезжа́ла до це́нтра на метро́, а пото́м шла пешко́м.

(6) Де́вочка перешла́ че́рез доро́гу и подошла́ к кио́ску.

(7) Они́ прошли́ ми́мо о́зера и вошли́ в лес.

(8) Она́ уе́хала в дере́вню неде́лю наза́д.

☞ во́время 제시간에/ откры́ть, -ро́ю, -ро́ешь 完 열다/ дверь 女 문/ к (+여격)(접근) ~로/ от (+속격)(이탈) ~로 부터/ ра́ньше 평소보다 일찍/ доро́га 길/ наза́д (공간)뒤로; (시간)前에

2. ходи́ть에 알맞은 접두사를 붙여 텍스트를 완성하시오.

Ми́ша ____(1) из до́ма в 8 часо́в. Он ____(2) к остано́вке, сади́тся в авто́бус и е́дет в университе́т. Авто́бус ____(3) от остано́вки, Ми́ша сади́тся на свобо́дное ме́сто о́коло окна́ и чита́ет газе́ту. Че́рез 25 мину́т авто́бус ____(4) до остано́вки «университе́т». Ми́ша ____(5) из авто́буса. За 10 мину́т до нача́ла уро́ка он ____(6) в университе́т и идёт на второ́й эта́ж. В аудито́рии уже́ сидя́т его́ друзья́. Он ____(7) в аудито́рию, кладёт свой портфе́ль на стол. Че́рез не́сколько мину́т ___(8) преподава́тель, и уро́к начина́ется.

☞ свобо́дное ме́сто 빈자리/ че́рез(+대격)(시간)..지난 후에: ~25 мину́т 25분 후에/ за (+대격) ~前에: за 10 мину́т до нача́ла уро́ка 수업시작 10분전에

3. 주어진 단어의 알맞은 형태를 사용하여 문장을 완성하시오.

(1) Ка́ждое ле́то мои́ роди́тели ____ из Москвы́ в Сеу́л. (приезжа́ть – прие́хать)

(2) Та́ня уже́ ____ в санато́рий. (уезжа́ть – уе́хать)

(3) Андре́й ча́сто прихо́дит ко мне и ____ интере́сные кни́ги. (приноси́ть – принести́)

(4) На столе́ не́ было со́ли. Мы попроси́ли ____ нам её. (приноси́ть – принести́)

(5) Когда́ ба́бушка приезжа́ет в Москву́, она́ всегда́ ____ вну́ку пода́рок. (привози́ть – привезти́)

☞ приноси́ть 不完 운반하다, 나르다/ принести́ 完 → приноси́ть/ соль 女 소금/ внук 손자/ привози́ть 不完 (교통수단으로)운반하다/ привезти́ 完 → привози́ть

Уро́к 25

1. 2인칭 명령법

말상대에게 직접적인 명령을 표현하는 2인칭명령법은 **ты**로 지칭하는 상대에게 사용하는 형태와 **вы**로 지칭하는 상대에게 사용하는 형태의 2가지가 있다. 후자는 전자에 **-те**를 붙인 형태이다.

명령형은 동사의 현재인칭변화형의 복수 · 3인칭어간에서 만든다. 복수 · 3인칭 어간의 마지막 音이 (1)모음인가, (2)자음인가에 따라, 또한 (2)의 경우에는, 단수 · 1인칭형에서 악센트가 어미에 있는지, 어간에 있는지의 차이에 따라 **-й, -и** 또는 -(자음)+**ь**의 어미를 취한다.

(1) 복수 · 3인칭의 어간이 모음으로 끝나는 경우: [(모음)+ **й(те)**]

동사부정형	복수 · 3인칭	명령형
слу́шать	слу́ша-ют	слу́ша-й(те)
повторя́ть	повторя́-ют	повторя́-й(те)
рисова́ть	рису́-ют	рису́-й(те)
занима́ться*	занима́-ют-ся	занима́-й-ся занима́-й-те-сь
умыва́ться	умыва́-ют-ся	умыва́-й-ся умыва́-й-те-сь

* **ся**동사는 명령법어미 **й, ь**뒤에서는 **-ся**를, **и**와 **те**뒤에서는 **-сь**를 붙인다.

Не покупа́й фру́кты, у нас есть.

Обяза́тельно прочита́йте э́ту кни́гу.

Бо́льше занима́йтесь до́ма. Повторя́йте все но́вые слова́.

☞ **бо́льше** 더 많이/ **занима́ться** 1 [不完] (예습 · 복습)공부하다/ **умыва́ться** 1 [不完] 세수하다

(2) 복수 · 3인칭의 어간이 자음으로 끝나고, 단수 · 1인칭형에서 악센트가 어미에 있는 경우: (자음)+и́(те)

동사부정형	복수 · 3인칭, 단수 · 1인칭		명령형
смотре́ть	смо́тр-ят,	смотр-ю́	смотр-и́(те)
писа́ть	пи́ш-ут,	пиш-у́	пиш-и́(те)
сказа́ть	ска́ж-ут	скаж-у́	скаж-и́(те)
учи́ться	у́ч-ат-ся	уч-у́-сь	уч-и́-сь уч-и́-те-сь

— Скажи́те, пожа́луйста, где здесь дом №(но́мер) 2?
— Извини́те, я не понима́ю по-ру́сски, я иностра́нец.

— Скажи́те, пожа́луйста, у вас есть журна́л «Аре́на»?
— Да, есть.
— Покажи́те, пожа́луйста.

— Мин Су, приходи́ в го́сти. Ты зна́ешь, где я живу́?
— Зна́ю. На у́лице Го́рького в до́ме №2.

☞ сказа́ть, -кажу́, -ка́жешь 完 말하다/ извини́те 미안합니다: извини́ть 2 完 「용서하다」의 명령형/ показа́ть, -кажу́, -ка́жешь 完 보여주다

(3) 복수 · 3인칭의 어간이 자음으로 끝나고, 단수 · 1인칭형에서 악센트가 어간에 있는 경우: (자음)+ь(те)

동사부정형	복수 · 3인칭, 단수 · 1인칭		명령형
гото́вить	гото́в-ят,	гото́в-лю	гото́вь(те)
отве́тить	отве́т-ят,	отве́ч-у	отве́ть(те)

Прочита́йте текст и отве́тьте на вопро́сы.

Та́ня, не гото́вь сего́дня у́жин, ве́чером мы пойдём в рестора́н

☞ отве́тить, -ве́чу, -ве́тишь 完 (на+대격) ~에 대답하다/ гото́вить, -влю, -вишь 不完 (식사를)준비하다/ у́жин 저녁

(4) 불규칙적인 명령형

① 복수 · 3인칭형의 어간이 연속하는 2개의 자음으로 끝나면, 악센트가 어간에 있다 할지라도, 명령형어미는 -и가 된다.

по́мнить 기억하다: по́мн-ят(복수 · 3인칭) → по́мни(те)
чи́стить 깨끗이 하다: чи́ст-ят(복수 · 3인칭) → чи́сти(те)

② -авать형 동사의 명령형은 부정형의 어간에서 만든다.

встава́ть 일어나다: встава́-ть(부정형) → встава́й(те)
дава́ть 주다: дава́-ть(부정형) → дава́й(те)

③ 예외의 명령형

дать 주다 → дай(те)
пить 마시다 → пей(те)
есть 먹다 → ешь(те)

Не встава́йте, у меня́ есть ме́сто.
Да́йте мне, пожа́луйста, ваш а́дрес.
Ешьте на здоро́вье. (식탁에서)많이 드세요.

2. 1인칭 명령법(권유)

말하는 사람을 포함하여 상대방에게「(우리)~하자 · 합시다」를 표현하는 것을 1인칭 명령법이라고 한다. 1인칭 명령법은 дава́ть의 명령형인 дава́й(те)「~하자(합시다)」를 사용하여 표현한다. 단, 불완료상동사를 사용할 때는 부정형으로 표현하고, 완료상동사를 사용할 때는 복수 · 1인칭형으로 표현한다.

Дава́й(те) е́хать в Москву́. 모스크바에 가자(갑시다).

Дава́й(те) пойдём вме́сте! 같이 가자(갑시다)

— Мари́на, дава́й пойдём за́втра ве́чером в теа́тр.

— Извини́, за́втра ве́чером не могу́. Я иду́ в бассе́йн. Мо́жет быть, в друго́й день?

— А в суббо́ту ты мо́жешь?

— Да, могу́.

— Тогда́ дава́й пойдём в суббо́ту.

— Дава́й.

☞ пойти́ 完 (출발하여)가다/ извини́ть 2 完 용서하다/ друго́й, -а́я, -о́е, -и́е 다른/ день, дня 男 날(日); в друго́й день 그 다음 날에/ тогда́ 그렇다면

3. 불규칙 현재형을 갖는 동사: брать-взять 「잡다」「빌리다」「사다」

брать 不完	взять 完
беру́ берёшь берёт берём берёте беру́т	возьму́ возьмёшь возьмёт возьмём возьмёте возьму́т

연습문제

1. 주어진 동사를 ты와 вы에 대한 명령형으로 만드시오.

(1) слу́шать

(2) отвеча́ть

(3) посмотре́ть
(4) умыва́ться
(5) сове́товать
(6) встава́ть
(7) взять
(8) брать

2. 문맥에 따라 ты형 또는 вы형 명령형으로 고치시오.

(1) Ма́ша, не ____ (забыва́ть) меня́.
(2) Све́та, всегда́ ____ (помога́ть) ма́ме.
(3) Серге́й, ____ (купи́ть), пожа́луйста, фру́кты.
(4) Мари́на, ____ (позвони́ть), пожа́луйста, в поликли́нику.
(5) Ли́дия Алекса́ндровна, ____ (приходи́ть) к нам в суббо́ту.
(6) Ко́ля, ____ (принести́) мне стака́н воды́.
(7) Оле́г, сего́дня ____ (верну́ться) домо́й в 5 часо́в.
(8) Де́ти, ____ (отве́тить) на вопро́с.
(9) ____ (показа́ть), пожа́луйста, ваш па́спорта.
(10) Ма́ма, ____ (почи́стить), пожа́луйста, о́вощи.

☞ забыва́ть 1 잊다/ поликли́ника 종합병원; 외래환자진료소/ стака́н 유리컵/ па́спорт 여권/ почи́стить, -чи́щу, -чи́стишь 完 깨끗이 하다

Уро́к 26

1. 술어부사

「이 방은 춥다」의 표현을 영어와 러시아어로 비교해 보면, 영어는 「It is cold in this room.」이고, 러시아어는 「В э́той ко́мнате хо́лодно.」이다. 비교에서 명백히 알 수 있듯이, 러시아어의 표현에는 영어의 it에 해당되는 주어는 없고, is에 해당되는 be동사도 없다. 오직 부사 тепло́(тёплый 「따뜻한」의 단어미중성형)만이 술어로서 사용되어 있다. 이와 같이, 주어가 없고, 부사가 술어로 사용되는 구문을 無인칭문이라고 한다. 이 때, 술어기능을 하는 부사를 술어부사라고 부른다. 술어부사는 주로 자연현상이나 사람의 심리상태 등을 표현하는 경우에 많이 사용한다. 無인칭문의 술어가 되는 부사로는 다음과 같은 것들이 있다.

(1) 술어부사(형용사단어미중성형)

при́ятно 「유쾌하다」(← прия́тный)
ве́село 「즐겁다」(← весёлый)
гру́стно 「우울하다」(← гру́стный)
хо́лодно 「춥다」(← холо́дный)
жа́рко 「덥다」(← жа́ркий)
тру́дно 「어렵다」(← тру́дный)
лег[х]ко́ 「쉽다」(← лёг[х]кий)
хорошо́ 「좋다」(← хоро́ший)
ску́чно 「지루하다」(← ску́чный)
удо́бно 「편안하다」(← удо́бный)
поня́тно 「이해하다」(← поня́тый)
слы́шно 「들리다」(← слы́шный)

ви́дно 「보이다」(← ви́дный)
등

— Кака́я сего́дня пого́да?
— Сего́дня в Москве́ хо́лодно.

На у́лице жа́рко.
Здесь в лесу́ о́чень хо́лодно.
Ле́том там хорошо́.
Очень прия́тно ви́деть вас.
Очень тру́дно говори́ть по-ру́сски.
Очень легко́ реши́ть э́ту зада́чу.

☞ на у́лице 밖에(는)/ в лесу́ 숲속에(는)

(2) 형용사단어미중성형과 관계없는 것(보통 동사부정형과 함께 사용된다)

на́до(=ну́жно) ~할 필요가 있다; ~해야 한다
мо́жно ~할 수 있다(가능), ~해도 좋다(허가)
нельзя́ ~할 수 없다(불가능), ~해서는 안 된다(금지)
пора́ ~할 시간이다

На́до посла́ть письмо́. (의무)
Ну́жно мно́го занима́ться. (필요성)
Здесь кури́ть нельзя́. (금지)
Эту зада́чу реши́ть нельзя́. (불가능)
Без пи́щи жить нельзя́. (불가능)
Пора́ спать.
Он уже́ не тако́й ма́ленький, пора́ учи́ться.

— Где мóжно купи́ть сувени́ры? (가능)
— В киóске.

— Мóжно войти́? (허가)
— Пожáлуйста.

— Мóжно говори́ть? (허가)
— Нет, сейчáс нельзя́. (금지)

☞ послáть, -шлю, шлёшь... шлют 完 보내다/ без (+속격) ~없이/ пи́ща 음식/ спать, сплю, спишь 不完 자다, 자고 있다/ сувени́р 기념품/ войти́, -йду, -йдёшь... -йдут 完 들어가다/ пожáлуйста (동의) 예, 좋습니다

2. 無인칭문의 시제 및 의미상 주어의 표시

술어부사가 사용된 無인칭문의 시제는 быть를 사용하여 표시한다. 주어가 없기 때문에 과거시제에서는 중성형인 бы́ло를 사용하고, 미래시제에서는 단수 · 3인칭형인 бу́дет를 사용한다.

현재	Сегóдня	в Москвé	—	теплó.
과거	Вчерá	в Петербу́рге	бы́ло	хóлодно.
미래	Зáвтра	в Сеу́ле	бу́дет	жáрко.

Вчерá бы́ло хóлодно, а сегóдня довóльно теплó.
За обéдом бы́ло óчень вéсело.
Зáвтра бу́дет прохлáдно.

☞ довóльно 꽤, 상당히/ за (+조격) ~할 때, ~하는 동안에/ прохлáдно 술어 선선하다, 서늘하다

한편 無인칭문은 글자그대로 인칭이 없는 문장, 즉 주어가 없는 문장이기 때문에 의미상의 주어, 즉 동작의 주체, 상태의 체험자는 여격으로 표시한다.

Не понима́ю, почему́ вам ве́село.
Мне что́-то гру́стно сего́дня.
Ему́ интере́сно чита́ть э́тот расска́з.
Мне прия́тно говори́ть об э́том.
Вам хорошо́ слы́шно, что я говорю́ ?
Вам ви́дно, что я пишу́ на доске́?
Вам всё поня́тно?
Им интере́сно бы́ло слу́шать э́тот докла́д.
Ему́ тру́дно бу́дет говори́ть по-ру́сски.
За́втра мне на́до бу́дет ра́но встать.
Больно́му нельзя́ выходи́ть на у́лицу.
Мо́жно мне спроси́ть вас?
Нам пора́ идти́ домо́й.

☞ что́-то [구어] 웬일인지/ расска́з 단편소설/ встать, вста́ну, вста́нешь 完 일어나다/ больно́й, -а́я, -ы́е [명사] (형용사변화) 환자/ спроси́ть, -рошу́, -ро́сишь 完 (대격) (о+전치격) ~에 관해 ~에게 물어보다

연습문제

1. 보기와 같이 반대의 의미의 문장으로 바꾸시오.

보기: Мне тру́дно изуча́ть ру́сский язы́к. → Мне <u>легко́</u> изуча́ть ру́сский язы́к.

(1) Им интере́сно чита́ть э́ту кни́гу.

(2) Нам неприя́тно говори́ть об э́том.

(3) Ребёнку жа́рко.

(4) Не понима́ю, почему́ тебе́ ве́село.

2. ну́жно, мо́жно, нельзя́ 중의 하나를 골라 넣으시오.

(1) Зимо́й здесь о́чень хо́лодно. Вам ____ купи́ть ша́пку.

(2) Этому больно́му ____ ходи́ть.

(3) Мне ____ пить ко́фе по́здно ве́чером, потому́ что пото́м я пло́хо сплю.

(4) Почему́ же ему́ ____ , а мне нельзя́.

3. 보기와 같이 문장을 바꾸시오.

보기: Я до́лжен прочита́ть э́ту кни́гу.
→ Мне на́до(ну́жно) прочита́ть э́ту кни́гу.

(1) Она́ должна́ позвони́ть свое́й сестре́.

(2) Они́ должны́ мно́го занима́ться.

(3) Мой това́рищ до́лжен сдава́ть экза́мен.

(4) Моя́ сестра́ должна́ выступа́ть на ве́чере.

☞ неприя́тно 불쾌하다/ зимо́й 겨울에/ ребёнок, -ка 어린아이/ ша́пка (채양이 없는)모자/ же [강세조사](의문사와 함께 사용하여)도대체/ сдава́ть, -даю́, -даёшь 不完 시험을 치르다/ выступа́ть 1 不完 공연하다

Уро́к 27

1. 명사의 단수 · 조격어미

조격은 수단 · 도구를 표현한다. 명사 · 단수의 조격어미는 기본형(단수 · 주격형)의 마지막 문자가 자음인 남성명사와 **-о**인 중성명사는 **-ом**이고, **-ь**와 **-й**인 남성명사와 **-е**인 중성명사는 **-ем**이된다. **-а**로 끝나는 여성명사는 **–ой**를 취하고, **-я**로 끝나는 여성명사는 **ей**를 취한다. 한편 **-ь**로 끝나는 여성명사는 **-ью**로 된다. 조격을 표시하는 어미를 정리하면 다음과 같다.

	주 격	조 격	어미
남성 중성	студе́нт окно́ врач нож	студе́нтом окно́м врачо́м* ножо́м*	ом
	преподава́тель Андре́й по́ле това́рищ	преподава́телем Андре́ем по́лем това́рищем*	ем
여성	сестра́ душа́	сестро́й душо́й*	ой
	Та́ня учи́тельница	Та́ней учи́тельницей*	ей
	пло́щадь	пло́щадью	ью

* 어간의 마지막 자음이 **ж, ш, щ, ч** 및 **ц**인 남성 · 중성 및 여성명사의 조격은 악센트가 어미에 있으면 **-о́м**(男, 中), **-о́й**(女)가 되지만, 악센트가 어간에 있으면, **-ем**(男, 中), **-ей**(女)가 된다.

2. 수단 · 도구를 표현하는 조격

— Чем вы пи́шете в тетра́ди?
— Я пишу́ в тетра́ди ру́чкой.

— Чем мы ре́жем торт?
— Ножо́м.

— Чем вы еди́те?
— Мы еди́м мя́со ножо́м и ви́лкой, а суп — ло́жкой.

☞ чем? 무엇으로?: что?의 조격형/ ре́зать, ре́жу, ре́жешь 不完 자르다/ торт 케이크/ нож 칼, 나이프/ ви́лка 포오크/ / ло́жка 숫가락

3. 술어조격

이미 설명한 바와 같이, 「A는 B이다」의 구문에서는 영어의 be동사에 해당하는 **быть**「~이다; ~있다」를 생략한다(**Я студе́нт**). 그러나 과거에 「~였다」 또는 앞으로「~일(될) 것이다」의 과거 및 미래시제의 구문에서는 **быть**가 사용된다. 이 때, **быть**와 함께 술어가 되는 명사 또는 형용사 등은 조격이 된다. 이러한 조격을 술어조격이라고 한다.

Ве́ра — по́вар.
Ве́ра хо́чет быть по́варом.
Я ду́маю, Ве́ра бу́дет по́варом.
Ба́бушка Ве́ры то́же была́ по́варом.

☞ по́вар 요리사/ быть (+조격) ~이 되다

4. 전치사 с 와 함께 공동의 행동을 나타내는 조격

— С кем разгова́ривает преподава́тель?
— Преподава́тель разгова́ривает со студе́нтом.

— С кем вы игра́ли вчера́ в те́ннис?
— Я игра́л вчера́ в те́ннис с Ма́шей.

— С кем ты хо́чешь познако́миться?
— Я хочу́ познако́миться с ней.

— С кем вы попроща́лись на вокза́ле?
— Я попроща́лся с сы́ном.

☞ с (+조격) ~와 함께/ кем?: кто?의 조격형/ разгова́ривать 1 [不完] 대화하다/ игра́ть в те́ннис 테니스를 치다/ познако́миться, -млюсь, -мишься [完](с+조격) 알게되다/ ей: она́의 조격형/ попроща́ться 1 [完] (с+조격) ~와 헤어지다

5. 인칭대명사의 조격형

주 격	조 격
я	мной
ты	тобо́й
он/оно́	им
она́	ей
мы	на́ми
вы	ва́ми
они́	и́ми

— Ты не хо́чешь пойти́ с на́ми на футбо́л?
— Ты идёшь с Та́ней?
— Нет, с това́рищем.

— Я его́ зна́ю?

— Ка́жется, ты с ним* знако́м. Это Са́ша. Мы с ним вме́сте учи́лись в шко́ле.

* 모음으로 시작되는 인칭대명사 им, ей, и́ми는 전치사와 함께 사용될 때, 모음 앞에 н-이 붙는다: с ним, с ней, с ни́ми

☞ ка́жется (삽입어)아마도 ~같다/ знако́м, -а, -ы (с+조격) 아는 사이이다

6. 조격을 요구하는 동사

조격을 요구하는 주요한 동사로는 стать 「~이 되다」, рабо́тать 「(~자격으로) 일하다」, занима́ться 「~에 종사하다」, интересова́ться 「~에 흥미를 갖다」, увлека́ться 「~에 열중이다」 등이 있다.

Ско́ро она́ ста́нет медсестро́й.
그 여자는 곧 간호원이 된다.

Мой оте́ц рабо́тает преподава́телем ру́сского языка́.
나의 아버지는 러시아어선생이다.

Моя́ дочь занима́ется му́зыкой.
나의 딸은 음악을 하고 있다.

Я интересу́юсь исто́рией Сре́дней Азии.
나는 중앙아시아의 역사에 관심이 있다.

Он увлека́юсь спо́ртом.
그 사람은 스포츠에 열중이다.

☞ стать, ста́ну, ста́нешь 完 (조격) ~이 되다/ медсестра́ 간호원/ Сре́дняя Азия 중앙아시아

7. 「Мы с ним」의 형식

「나와 그 사람」을 표현할 때, 러시아어에서는 보통 「**я и он**」으로는 표현하지 않고, 「**мы с ним**」으로 표현한다. 즉, 나(**я**)를 포함하여 상대방 또는 제3자를 모두 **мы**로 표시하고, 이 **мы**에 참가한 사람을「**c**+조격」으로 표시한다. 「그 사람과 동생」은 「Они́ с бра́том」가 된다.

Вчера́ мы с ней игра́ли в те́ннис.
В воскресе́нье мы с сестро́й ходи́ли в кино́.
Они́ с Са́шей пое́хали отдыха́ть на мо́ре.

연습문제

1. 주어진 단어의 알맞은 형태를 넣으시오.

(1) Я пишу́ ____ . (каранда́ш)
(2) Мы еди́м ____ . (ло́жка и ви́лка)
(3) Тогда́ он ещё был ____ . (студе́нт)
(4) Она́ хо́чет быть ____ . (медсестра́)
(5) Мы ходи́ли в музе́й с ____ . (учи́тель)
(6) Он прие́хал в Москву́ с ____ . (оте́ц)
(7) Больно́й разгова́ривает с ____ . (врач)
(8) Я говори́л по телефо́ну с ____ . (това́рищ)

2. 주어진 동사의 알맞은 형태를 넣으시오.

рабо́тать, стать, интересова́ться, занима́ться

(1) Моя́ сестра́ ско́ро ____ учи́тельницей.
(2) Я о́чень ____ теа́тром.
(3) Я ____ му́зыкой 5 лет.
(4) Моя́ мать ____ продавцо́м в магази́не.

3. 알맞은 인칭대명사를 넣으시오.

(1) Кто был с ____ на вы́ставке? (ты)

(2) Вы хоти́те пойти́ со ____ на стадио́н? (я)

(3) Я познако́мился с ____ в про́шлом году́. (она́)

(4) Я давно́ не ви́делся с ____ . (вы)

☞ теа́тр 연극/ телефо́н 전화; говори́ть по телефо́ну 전화통화하다/ прода́ве́ц, -вца́ 점원/ ви́деться, ви́жусь, -дишься 不完 (с+조격) ~와 만나다

Уро́к 28

1. 경변화형용사의 조격어미

경변화형용사는 조격에서 남성 · 중성형은 **-ым**, 여성형은 **-ой**를 어미로 취한다. 그러나 경변화형용사 **большо́й**형 및 **ру́сский**형 형용사의 조격어미는 맞춤법에 의해 **-ым**이 아니고, **-им**이 된다.

	男 · 中		女
주 격	но́вый ру́сский большо́й	но́вое ру́сское большо́е	но́вая ру́сская больша́я
조 격	но́вым ру́сским больши́м		но́вой ру́сской большо́й

Мы встре́тились с изве́стным ру́сским писа́телем.
Преподава́тель исправля́ет оши́бки кра́сной ру́чкой.
Она́ ест моро́женое ма́ленькой ло́жкой.
Я люблю́ мы́ться холо́дной водо́й.

☞ **встре́титься, -ре́чусь, -ре́тишься** [完] (с+조격) 만나다/ **исправля́ть** 1 [不完] 수정하다/ **оши́бка** 오류; 실수/ **моро́женое** [명사](형용사변화) 아이스크림

2. 연변화형용사의 조격어미

연변화형용사, 즉 **си́ний**형 및 **хоро́ший**형 형용사는 조격에서 남성 · 중성형은 **-им**, 여성형은 **-ей**를 어미로 취한다. 맞춤법 때문에 결과적으로 남성 · 중성형은 **но́вый**형을 제외하고는 모두 **-им**이 된다.

	男 · 中		女
주 격	си́ний хоро́ший	си́нее хоро́шее	си́няя хоро́шая
조 격	си́ним хоро́шим		си́ней хоро́шей

Он всегда́ сове́туется с ста́ршим бра́том.
Он ходи́л в кинотеа́тр с мла́дшей сестро́й.
Я был в теа́тре с мои́м хоро́шим дру́гом.
Она́ мо́ет посу́ду горя́чей водо́й.

☞ **сове́товаться, -тую́сь, -туешься** 不完 (с+조격)상의하다/ **посу́да** [집합] 식기/ **горя́чий, -ая, -ее, -ие** 뜨거운

3. 소유대명사의 조격어미

소유대명사는 조격에서 어미가 남성 · 중성형은 **-им**, 여성형은 **-ей**로 변화한다. **твой, свой**의 변화형은 **мой**와 같다. **ваш**의 변화형은 **наш**와 같다.

	男 · 中		女
주 격	мой	моё	моя́
조 격	мои́м		мое́й

	男 · 中		女
주 격	наш	на́ше	на́ша
조 격	на́шим		на́шей

Мы поздоро́вались с на́шим но́вым преподава́телем.
Сего́дня я говори́л по телефо́ну с твои́м мла́дшим бра́том.
Вади́м давно́ не ви́делись с мое́й мла́дшей сестро́й.
Он ча́сто спо́рит со свое́й ста́ршей сестро́й.

☞ поздоро́ваться, -ру́юсь, -ру́ешься... 完 (с+조격) 인사하다/ спо́рить 2 不完 (с+조격) 논의 · 논쟁하다

4. 지시대명사의 조격어미

지시대명사 э́тот는 語形변화에서 기본적으로 경변화형용사 어미를 취하지만, 조격에서 남성 · 중성은 연변화어미 **-им**를 취한다. 한편, 여성은 경변화어미 **-ой**를 취한다.

	男 · 中		女
주 격	э́тот	э́то	э́та
조 격	э́тим		э́той

Неда́вно мы позкако́мились с э́тим иностра́ным студе́нтом.
Я интересу́юсь э́тим вопро́сом.
Макси́м ходи́л в кино́ с э́той де́вушкой.

☞ неда́вно 최근에/ вопро́с 문제

5. 공간을 표현하는 조격지배 전치사

(1) за「~의 건너에 · 뒤에」

В кино́ Ми́ша сиде́л за на́ми.
Ста́нция метро́ нахо́дится за э́тим до́мом.

(2) пе́ред「~앞에」

На конце́рте пе́ред на́ми сиде́л Андре́й.
Пе́ред на́шим до́мом стои́т маши́на.

(3) над「~위에」

Фотогра́фия отца́ виси́т над столо́м.
Самолёт лети́т над мо́рем.

(4) под「~밑에」

Это письмо́ лежа́ло под кни́гой.
Он сиди́т под де́ревом.

☞ находи́ться, -дится... -дятся 위치하다/ де́рево 나무

6. 재귀대명사 себя의 용법

「자신」을 의미하는 대명사 себя́를 재귀대명사라고 부른다. 재귀대명사는 주격은 없고, 속격 이하의 형태만을 사용한다. 명사 또는 대명사를 주어로 하는 구문에서 항상 주어와 같은 대상을 가리킨다.

주격	속격	여격	대격	조격	전치격
—	себя́	себе́	себя́	собо́й	о себе́

Он сейча́с у себя́ до́ма. 그 사람은 지금 자신의 집에 있다.
Она́ купи́ла себе́ су́мку. 그 여자는 자신의(자신에게 줄) 핸드백을 샀다.
Она́ говори́т то́лько о себе́. 그 여자는 자신의 일만을 이야기한다.

— Как вы себя́ чу́вствуете? 기분이 어떠신지요?
— Я чу́вствую себя́ хорошо́. 좋습니다.

☞ чу́вствовать, -ствую, -ствуешь... 不完 느끼다/ то́лько 오직

연습문제

1. 주어진 단어의 알맞은 형태를 넣으시오.

(1) Сын пи́шет упражне́ние ____ . (чёрная ру́чка)
(2) Де́вочка рису́ет со́лнце ____ . (жёлтый каранда́ш)
(3) Моя́ сестра́ дружи́т с ____ . (ру́сская студе́нтка)
(4) Я иду́ в теа́тр с ____ . (хоро́ший знако́мый)
(5) Вчера́ мы встре́тились с ____ . (шко́льный това́рищ)
(6) Я говори́ла по телефо́ну с ____ . (твоя́ мла́дшая сестра́)
(7) Она́ познако́милась со ____ . (её но́вый преподава́тель)
(8) Мой брат рабо́тает вме́сте с ____ . (ваш мла́дший брат)
(9) Оте́ц разгова́ривает со ____ . (его́ дочь)
(10) Врач разгова́ривал с ____ . (э́та же́нщина)

☞ чёрный, -ая, -ое, -ые 검은색의/ со́лнце[со́нце] 태양/ жёлтый, -ая, -ое, -ые 노란색의/ дружи́ть, дружу́, дружи́шь [不完] (с+조격) ~와 친하다/ знако́мый, -ая, -ое, -ые [명사] 知人/ шко́льный, -ая, -ое, -ые 학교의

2. над, под, за, пе́ред를 사용하여 문장을 완성시키시오.

(1) Ла́мпа виси́т ____ . (пи́сьменый стол)
(2) Остано́вка авто́буса нахо́дится ____ . (кни́жный магази́н)
(3) Я нашёл свою́ тетра́дь ____ . (кни́жный шкаф)
(4) Мой каранда́ш лежа́л ____ . (ва́ша тетра́дь)
(5) Пти́цы летя́т ____ . (лес)

☞ ла́мпа 전등/ пи́сьменный, -ая, -ое, -ые 필기용의/ остано́вка (버스)정류장/ найти́, -йду́, -йдёшь [完] 발견하다/ кни́жный шкаф 책장/ пти́ца 새

Уро́к 29

1. 관계대명사 кото́рый

2개의 문장 속에서 같은 사람이나 사물이 존재할 때, 그 중 하나를 관계대명사 **кото́рый** 로 바꾸어, 이 2개의 문장을 접속할 수 있다. 접속한 복문에서 관계대명사가 속해 있는 문장을 종속문이라고 하고, 그 앞에 놓이는 문장을 主文이라고 한다.

종속문에서의 관계대명사는 主文에서의 선행사(관계대명사와 같은 의미를 나타내는 것)와 性 · 數에서 일치한다.

Это моя́ сестра́. Сестра́ изуча́ет ру́сский язы́к.
→ Это моя́ сестра́, кото́рая изуча́ет ру́сский язы́к.

Я слу́шаю ра́дио. Оно́ стои́т на столе́.
→ Я слу́шаю ра́дио, кото́рое стои́т на столе́.

Я ду́маю о дру́ге. Он живёт в Москве́.
→ Я ду́маю о дру́ге, кото́рый живёт в Москве́.

Это де́ти бра́та. Они́ гуля́ют в па́рке.
→ Это де́ти бра́та, кото́рые гуля́ют в па́рке.

관계대명사의 性 · 數는 主文의 선행사와 일치하지만, 格은 선행사의 格과는 상관없이 종속문 속에서의 자신의 통사론적인 역할에 따라 결정된다.

Как зову́т ва́шего дру́га? (단수 · 남성)
Он рабо́тает в теа́тре. (주격)
→ Как зову́т ва́шего дру́га, кото́рый рабо́тает в теа́тре?
(단수 · 남성 · 주격)

Он чита́ет письмо́. (단수 · 중성)

Вчера́ он получи́л письмо́. (대격)

→ Он чита́ет письмо́, кото́рое получи́л вчера́.
(단수 · 중성 · 대격)

Я зна́ю студе́нтку. (단수 · 여성)

Вы ждёте её.(대격)

→ Я зна́ю студе́нтку, кото́рую вы ждёте.
(단수 · 여성 · 대격)

Мы говори́м о на́шем но́вом преподава́теле. (단수 · 남성)

Вы хорошо́ зна́ете его́. (대격)

→ Мы говори́м о на́шем но́вом преподава́теле, кото́рого вы хорошо́ зна́ете. (단수 · 남성 · 대격)

Я рабо́таю в шко́ле. (단수 · 여성)

В э́той шко́ле учи́лся мой брат. (전치격)

→ Я рабо́таю в шко́ле, в кото́рой учи́лся мой брат.
(단수 · 여성 · 전치격)

Здесь живёт мой друг. (단수 · 남성)

Я помога́ю ему́ изуча́ть ру́сский язы́к. (여격)

→ Здесь живёт мой друг, кото́рому я помога́ю изуча́ть ру́сский язы́к. (단수 · 남성 · 여격)

Вы зна́ете эту де́вушку? (단수 · 여성)

С э́той де́вушкой я был вчера́ в кино́. (조격)

→ Вы зна́ете де́вушку, с кото́рой я был вчера́ в кино́?
(단수 · 여성 · 조격)

2. 수사 оди́н, 定대명사 весь와 сам의 단수格변화

оди́н「하나」은 수사이지만, 형태론적으로는 형용사와 동일하다. 남성 · 여성 · 중성 · 복수형이 있고, 약간의 예외는 있지만, 기본적으로 경변화형용사와 동일한 格변화어미를 갖는다. 그리고 оди́н은 「하나」의 뜻 이외에 「어떤」, 「뿐」, 「같은」, 「혼자서」 등의 여러 의미를 갖는다.

	남성 · 중성		여 성
1	оди́н	одно́	одна́
2	одного́		одно́й
3	одному́		одно́й
4	оди́н/ одного́	одно́	одну́
5	одни́м		одно́й
6	одно́м		одно́й

Ма́ша забы́ла показа́ть одну́ интере́сную фотогра́фию.
Я танцева́л с одно́й симпати́чной де́вушкой. 어떤 상냥한 아가씨
Он вы́шел на у́лицу в одно́й руба́шке. 셔츠만을 입고 밖으로 나왔다
Мы жи́ли с ним в одно́м до́ме. 같은 집에 살았다
Он живёт оди́н. 혼자 살고있다

☞ забы́ть, -бу́ду, -бу́дешь 完 잊다/ симпати́чный, -ая, -ое, -ые 호감이 가는, 상냥한/ руба́шка (러시아풍의)상의, 셔츠

定대명사 весь(「전부의, 전체의」)도, 약간의 예외는 있지만, 기본적으로 연변화형용사의 格변화어미를 갖는다.

	남성 · 중성		여 성
1	весь	всё	вся
2	всего́		всей
3	всему́		всей

	남성 · 중성		여 성
4	весь/ всего́	всё	всю
5	всем		всей
6	всём		всей

Я лежа́л в больни́це всю неде́лю.

Ка́ждый год э́тот го́род посеща́ют тури́сты со всего́ ми́ра.

☞ больни́ца 병원/ посеща́ть 1 不完 방문하다/ с(+속격)(공간) ~로부터/ мир 세계; со всего́ ми́ра 全세계로부터

定대명사 **сам**(①「(그사람)자신」, ②「혼자서」)은 기본적으로 경변화형용사와 동일하게 변화한다. **сам**은 주어 또는 보어가 되는 사람을 강조한다.

	남 성	중 성	여 성
1	сам	само́	сама́
2	самого́		само́й
3	самому́		само́й
4	сам/ самого́	само́	саму́
5	сами́м		само́й
6	само́м		само́й

Ребёнок ещё не мо́жет сам есть. 아이는 아직 혼자서 먹을 수 없다.

Мы сами́ там никогда́ не бы́ли. 우리들 자신은 그 곳에 간 적이 없다.

Скажи́ э́то ему́ самому́. 그 사람에게 그 일을 직접 이야기해라.

Она́ вы́учила францу́зский язы́к сама́, без учи́теля.

그 여자는, 선생없이, 독학으로 불어를 습득하였다.

☞ никогда́ не 전혀(한번도) ~아니다/ вы́учить, -учу, -учишь 完 습득하다

연습문제

1. 관계대명사를 사용하여 2개의 문장을 연결해 보세요.

(1) Это наш сосе́д. Сосе́д рабо́тает на заво́де.
(2) Я встре́тил дру́га. Он неда́вно прие́хал из Москвы́.
(3) Я зна́ю э́того студе́нта. Этот студе́нт учи́лся в Москве́.
(4) Вы зна́ете мою́ сестру́. Она́ рабо́тает в на́шей библиоте́ке.
(5) Мой брат у́чится в шко́ле. Она́ нахо́дится на на́шей у́лице.
(6) Я была́ в кинотеа́тре. Он нахо́дится на сосе́дней у́лице.
(7) Я слу́шаю ра́дио. Оно́ стои́т на столе́.
(8) В Москву́ прие́хали коре́йские студе́нты. Они́ изуча́ют ру́сский язы́к.

2. 관계대명사를 사용하여 문장을 완성시키시오.

(1) Я смотре́л фильм, ____ вы сове́товали посмотре́ть.
(2) Мой друг чита́ет письмо́, ____ он получи́л сего́дня у́тром.
(3) В на́шей гру́ппе у́чится студе́нтка, ____ зову́т Инга.
(4) Вот дом, ____ живёт Ви́ктор.
(5) Мне нра́вится кни́га, ____ вы говори́те.
(6) Я ви́дел студе́нта, ____ вы хорошо́ зна́ете.
(7) Как зову́т ва́шего това́рища, ____ вы бы́ли вчера́?
(8) Я не зна́ю студе́нта, ____ вы да́ли свой слова́рь.
(9) Где рабо́тает э́тот врач, ____ разгова́ривали по телефо́ну?
(10) Вы зна́ете э́ту де́вушку, ____ я был вчера́ в кино́?

Уро́к 30

1. 형용사 및 부사의 비교급

형용사 및 부사의 비교급의 형태는 2가지가 있다: ①형용사에 бо́лее「보다 (한층) ~하다」 또는 ме́нее 「보다 (정도가) 떨어지다」와 결합하여 만드는 「合成式비교급」과 ②형용사의 어미를 -ee로 바꾸는 「單一式비교급」이 있다. 예를 들어, краси́вый, краси́во의 비교급은 다음과 같다.

合成式비교급	бо́лее краси́вый (장어미) 더 아름다운 бо́лее краси́в (단어미) 더 아름답다 бо́лее краси́во (부사) 더 아름답게 ме́нее краси́вый 덜 아름다운 ме́нее краси́во 덜 아름답게
單一式비교급	краси́вее 더 아름답다, 더 아름답게

Она́ бо́лее интере́сный челове́к, чем он.
Пра́вый бе́рег бо́лее высо́кий, чем ле́вый.
Я купи́л бо́лее интере́сную кни́гу.
Я никогда́ не ви́дел бо́лее краси́вого го́рода, чем Петербу́рг.
Он говори́т бо́лее ме́дленно, чем я.
Э́то ме́нее тру́дно, чем я ду́мал.
Сего́дня на у́лице холодне́е, чем вчера́.
Бори́с бе́гает быстре́е, чем я.
Уро́ки тепе́рь трудне́е, чем ра́ньше, но интере́снее.

☞ чем ~보다/ пра́вый, -ая, -ое, -ые 오른쪽의/ высо́кий, -ая, -ое, -ие 높은/ ле́вый, -ая, -ое, -ые 왼쪽의/ ме́дленно 천천히/ бы́стро 빨리

2. 불규칙의 단일식 비교급

단일식 비교급에는 불규칙형태가 있다. 불규칙의 단일식 비교급은 보통 비교급 어미 **-е** 앞에서 자음교체가 일어나는 것과 **-ше**로 끝나는 것, 그리고 그 이외의 형태로 구분할 수 있다. 빈도가 높은 것을 정리하면 다음과 같다.

원 급		單一비교급
ти́хий/ ти́хо	조용한	ти́ше
бли́зкий/ бли́зко	가까운	бли́же
молодо́й/ мо́лодо	젊은	моло́же
дорого́й/ до́рого	비싼	доро́же
дешёвый/ дёшево	값싼	деше́вле
высо́кий/ высоко́	높은	вы́ше
широ́кий/ широко́	넓은	ши́ре
гро́мкий/ гро́мко	(목소리가)큰	гро́мче
лёгкий/ легко́	쉬운; 가벼운	ле́гче
жа́ркий/ жа́рко	무더운	жа́рче
коро́ткий/ ко́ротко	짧은	коро́че
большо́й/ мно́го	커다란; 많은	бо́льше
хоро́ший/ хорошо́	좋은	лу́чше
ма́ленький/ ма́ло	작은; 적은	ме́ньше
ста́рый	나이 많은	ста́рше
плохо́й/ пло́хо	나쁜	ху́же

Говори́те, пожа́луйста, немно́го гро́мче и ме́дленнее.
Сего́дня пого́да ху́же, чем вчера́.
Сего́дня жа́рче, чем вчера́.
Я вы́ше, чем он.
Она́ ма́ло чита́ет до́ма — ме́ньше, чем на́до.
Биле́ты в теа́тр доро́же, чем биле́ты в кино́.
Что вы бо́льше лю́бите, ко́фе и́ли чай?
Мой чемода́н ле́гче, чем ваш.

Кто из вас ста́рше?

☞ ма́ло 적게/ из(+속격) ~중에서

3. 비교급을 갖는 한정적 용법의 형용사

형용사장어미의 형태를 취하고, 한정적, 즉 수식어로서의 기능을 하는 약간의 비교급이 있다.

원 급	비교급	
хоро́ший	лу́чший	더 좋은
плохо́й	ху́дший	더 나쁜, 서투른
ста́рый	ста́рший*	손위의
молодо́й	мла́дший*	손아래의
большо́й	бо́льший	더 큰
ма́ленький	ме́ньший	더 작은

* **ста́рший**와 **мла́дший**는 오로지 활동체명사 및 활동체의 집단을 가리키는집합명사와 결합할 수 있다.

4. 비교 대상의 표현

비교의 대상을 표시하는 경우는 접속사 **чем**「~보다」을 사용하거나 또는 단일식 비교급에 한하여 **чем**을 사용하지 않고, 비교대상을 속격으로 표시할 수도 있다.

Ва́ша рабо́та интере́снее мое́й рабо́ты.
당신의 일은 나의 일보다 더 흥미롭다.

Она́ моло́же меня́.
그 여자는 나보다 나이가 어리다.

5. 형용사의 최상급

형용사의 최상급의 형태도 2가지가 있다: ①「가장, 제일」의 의미인 대명사 **са́мый**(**но́вый**처럼 변화)와 형용사가 결합한 형태(합성식)와 ②형용사의 어미를 **-ейший** 또는 **-айший**로 바꾼 형태(단일식)가 있다. **-айший**가 붙는 최상급은 그 앞에서 자음교체가 일어난다. **-ейший** 또는 **-айший**가 붙은 최상급은 **хоро́ший**형과 동일변화한다.

(1) **са́мый**+형용사

Во́лга — са́мая больша́я река́ в Евро́пе.
Кака́я са́мая высо́кая гора́ в Евро́пе?

(2) **-ейший** 또는 **-айший**

МГУ — старе́йший университе́т в Росси́и.
Он игра́ет в сильне́йшей футбо́льной кома́нде.
Где ближа́йшая ста́нция метро́?

☞ Евро́па 유럽/ МГУ[эм-гэ-у] 모스크바국립대학의 略語/ си́льный, -ая, -ое, -ые 강한/ футбо́льный, -ая, -ое, -ые 축구의

연습문제

1. 밑줄 친 곳에 형용사 또는 부사의 단일식 비교급을 넣으시오.

(1) Моя́ сестра́ пи́шет ____ , чем я. (краси́во)
(2) Он говори́т ____ , чем я. (бы́стро)
(3) За́втра пого́да бу́дет ____ , чем сего́дня. (хоро́ший)
(4) Брат был _____ сестры́. (высо́кий)

2. 부사의 단일식 비교급을 하선부에 넣어 문장을 완성시키시오.

(1) Оле́г поёт хорошо́, а Ка́тя поёт ещё ____ .
(2) Он сего́дня спал ма́ло, а она́ ещё ____ .
(3) Я говорю́ по-ру́сски пло́хо, а она́ говори́т ещё ____ .
(4) Э́тот ма́льчик смеётся гро́мко, а тот ещё ____ .

☞ петь, пою́, поёшь [不完] 노래하다/ смея́ться, смею́сь, смеёшься [不完] 웃다

3. 보기와 같이 문장을 바꾸시오.

보기: Мой друг говори́т по-ру́сски лу́чше, чем я. Мой друг говори́т по-ру́сски лу́чше меня́.

(1) Зима́ в Петербу́рге холодне́е, чем зима́ в Москве́.
(2) Наш дом бо́льше, чем ваш дом.
(3) На́ша гру́ппа ме́ньше, чем ва́ша гру́ппа.
(4) Мой оте́ц ста́рше, чем мать.

Уро́к 31

1. 가정법

(1) 가정법은 어떤 조건 하에서 가능하거나 또는 예상되는 행위, 기대되는 행위를 의미한다. 가정법은 술어를 동사과거형+가정조사 бы 로 만들어 표현한다.

Если бы у меня́ был биле́т, я пошёл бы в теа́тр.
만약에 나에게 표가 있다면, 극장에 갈 수 있는데.

Я пошёл бы в теа́тр, е́сли бы у меня́ бы́ло вре́мя.
만약에 시간이 있다면(한가하다면), 극장에 갈 수 있을텐데.

여기에서 **бы**와 함께 사용하는 동사의 과거형은 결코 과거의 사실을 전달하는 것은 아니다. 과거, 현재 또는 미래시제의 콘텍스트 속에서의 가정을 표현할 뿐이다. 따라서 가정법의 구문 속에서 시제는 문장 속의 부사 또는 문맥으로 판단하여야 한다.

Если бы я знал об э́том, я позвони́л бы тебе́. (현재)
만약에 내가 그 일을 알고 있다면, 너에게 전화를 하겠지.

Если бы я знал об э́том, я позвони́л бы тебе́ вчера́. (과거)
만약에 내가 그 일을 알고 있었다면, 어제 너에게 전화하였을 것이다.

Если бы я узна́л э́то за́втра, я позвони́л бы тебе́. (미래)
만약에 내일 내가 그 일을 알게 되면, 너에게 전화할 것이다.

(2) **е́сли**를 사용하여도 話者가 가정으로 말할 필요가 없고, 단순히 현재 또는 미래에 있을 수 있는 조건을 언급하는 것에 불과하다면, 가정법은 사용하지 않는다.

Если хоти́те, пойдём в кино́.
Если он бу́дет свобо́ден, он сде́лает э́то.

	직설법	가정법
현실적 조건	Если за́втра будет хоро́шая пого́да, мы пое́дем на экску́рсию.	Если бы за́втра была́ хоро́шая пого́да, мы пое́хали бы на экску́р-сию.
非현실적 조건		Если бы за́втра была́ хоро́шая пого́да, мы пое́хали бы на экску́р-сию.

(3) 가정법은 (1)과 같은 話者의 가정 이외에도 話者의 바램 또는 제안도 표현한다.

Я с удово́льствием пошёл бы на э́ту вы́ставку.
나라면, 좋아서 그 전람회에 갈텐데.

Ты бы пошёл.
너는 가는 것이 좋겠다.

Взял бы ты мой слова́рь.
나의 사전을 좀 집어줘.

Не могли́ бы вы купи́ть мне э́ту кни́гу?
나에게 이 책을 사주지 않겠어요?

☞ вре́мя 中 시간 /узна́ть 1 完 알다; (정보 · 소식 · 지식을)얻다/ с удово́ль-ствием 만족하여, 기쁘게

2. 접속사 чтóбы의 용법

чтóбы가 이끄는 종속문은 행위의 목적, 의지, 바램의 내용을 전달한다. 종속절속의 술어는 과거형이 된다. 이 때, 종속문은 가정법의 의미를 갖는다.

(1) 행위의 목적 「~하기 위하여, ~하도록」

Я пишý э́то, чтóбы ты не забы́л.
네가 잊지않도록 나는 적어두고 있다.

Я дал емý кни́гу, чтóбы он прочитáл её.
나는 그 사람이 그 책을 읽도록 책을 주었다.

(1)에서 알 수 있듯이, 행위의 목적을 나타내는 종속문의 주어가 主文의 주어와 다른 경우에는 종속문의 술어는 과거형이 된다. 그러나 종속문의 주어와 主文의 주어가 동일하면, 종속문의 주어는 생략되고, 술어는 동사부정형이 된다.

Я пишý э́то, чтóбы не забы́ть.
나는 (내가) 잊지않기 위해서 이것을 적어놓는다.

Я ужé купи́л билéты, чтóбы пойти́ в теáтр.
나는 (내가) 극장에 가기 위하여 이미 표를 사 놓았다.

(2) 바램의 뜻을 갖는 동사(**хотéть** 「희망하다」, **желáть**「원하다」)와 함께 사용하여 「~하도록」의 의미를 갖는다.

Сестрá хóчет, чтóбы Тáня приéхала ýтром.
언니는 따냐가 아침에 오기를 원한다.

Мы хоти́м, чтóбы вы хорошó говори́ли по-рýсски.
우리들은 당신들이 러시아어로 말을 잘 할 수 있기를 원합니다.

Роди́тели хотя́т, чтóбы я писáл им пи́сьма чáсто.
부모님은 내가 자주 편지쓰기를 바라고 있다.

Жела́ю, что́бы ты верну́лся.
네가 돌아오기를 바란다.

☞ что́бы [접속사](목적) ~하기 위하여, ~하도록/ жела́ть 1 不完 (что́бы가 이끄는 종속절의 내용을) 바라다, 원하다, 희망하다

3. 불규칙변화 вре́мя 「시간」

1	вре́мя
2	вре́мени
3	вре́мени
4	вре́мя
5	вре́менем
6	вре́мени

Вре́мя не ждёт.
У меня́ нет вре́мени.
Мы поста́вили часы́ по моско́вскому вре́мени.

☞ поста́вить, -влю, -вишь 完 어떤 (당연한)상태로 하다: ста́вить часы́ 시계를 맞추다/ по (+여격) ~에 따라서

연습문제

1. 주어진 문장을 가정법의 문장으로 고치시오.

(1) Если за́втра бу́дет хоро́шая пого́да, мы пое́дет за́ город.
Если бы за́втра ____ хоро́шая пого́да, мы ____ за́ город.

(2) Если ты прочита́ешь э́тот расска́з, он понра́вится тебе́.
Если бы ты ____ э́тот расска́з, он ____ тебе́.

(3) Если ты придёшь ко мне, мы пойдём на выставку.
Если бы ты ____ ко мне, мы ____ на выставку.

(4) Если она хочет, она может взять эту книгу в библиотеке.
Если бы она ____ , она ____ эту книгу в библиотеке.

☞ за (+대격) ~뒷편으로, ~건너편으로; за город 교외로/ взять книгу в библиотеке 도서관에서 책을 빌리다

2. 주어진 문장을 완성시키시오.

(1) Если бы у меня было много времени, ____ .

(2) Если бы я не поступил в университет, ____ .

(3) Если бы я поехал в Россию, ____ .

(4) ____ , было бы очень хорошо.

(5) ____ , было бы очень рада.

(6) ____ , родители были бы очень довольны.

☞ поступить, -ступлю, -ступишь 完 (в/на+대격) ~들어가다/ рад, рада, рады 기쁘다/ доволен, довольна, довольны (+조격) ~에 만족해하다

Уро́к 32

1. 순서수사 ― 21이상의 합성수사의 경우 ―

21이상의 합성수사의 순서를 표현하는 방법은 마지막의 숫자만이 순서수사로 되고, 그 앞의 나머지 숫자는 개수사로 표현한다. 語形변화를 할 때는 마지막의 순서수사만이 변화를 한다.

25번째의: два́дцать пя́тый

141번째의: сто со́рок пе́рвый

1994번째의: ты́сяча девятьсо́т девяно́сто четвёртый

— Како́е сего́дня число́?

— Сего́дня два́дцать второ́е (число́).

2. 날짜의 표현

앞서 15課에 설명하였듯이, 날짜를 물을 때, 「~日」의 의미인 число́를 사용하기 때문에 이것과 관계하는 순서수사는 중성형이 된다. 한편, когда́? 「언제?」의 대답이 되는 「~日에」의 표현은 이 순서수사를 속격으로 표현한다. 이 때, число́는 보통 생략한다.

— Ма́ша ты не забы́ла, что тебе́ ну́жно идти́ на сообра́ние?

— А како́е сего́дня число́?

— Два́дцать пя́тое.

— Ра́зве сего́дня два́дцать пя́тое! А я ду́мала, что два́дцать четвёртое.

— Когда́ начина́ется и конча́ется уче́бный год в Коре́е?

— В Коре́е уче́бный год начина́ется второ́го ма́рта и конча́ется два́дцать девя́того февраля́.

☞ собра́ние 집회/ ра́зве (강한 의심을 가지고) 정말로 ~인가/ уче́бный, -ая, -ое, -ые 교육의, 수업의; ~ год 신학기

3. 「~년 ~월 ~일에」의 표현

「년 · 월 · 일」의 표현은 러시아어에서는 「일 · 월 · 년」의 순서로 표현한다. когда́?「언제?」에 대한 대답은 「일 · 월 · 년」이 모두 속격으로 된다.

— Когда́ вы роди́лись?

— Я роди́лся два́дцать второ́го а́вгуста 1995(ты́сяча девятьсо́т девяно́сто пя́того) го́да.

앞서 10課에서 설명하였듯이, когда́?「언제?」에 대한 대답으로서 단순히 「~월에」 또는 「~년에」로 대답하는 경우에는 모두 「в+전치격」을 사용한다.

— Когда́ у тебя́ день рожде́ния?

— В ма́е.

— Како́го числа́?

— Двена́дцатого.

— В како́м году́ ты роди́лся?

— В 1996(ты́сяча девятьсо́т девяно́сто шесто́м) году́.

— Зна́чит, ты роди́лся двена́дцатого ма́я 1996(ты́сяча девятьсо́т девяно́сто шесто́го) го́да.

4. 시각의 표현

(1) 「몇시입니까?」의 표현

— Кото́рый час? (지금은)몇시입니까?
— (Сейча́с) час. (지금은)1시입니다.
— (Сейча́с) три часа́.
— (Сейча́с) де́сять часо́в.

(2) 「分」(мину́та)의 단위를 갖는 경우에 「時」의 단위는 보통 순서수사로 표현한다. 이 때, 이 순서수사는 실제의 시간보다 하나 더 많은 숫자의 순서수사의 속격으로 표현하여야 한다. 예를 들어, **пе́рвый час**는 0시에서 1시까지의 시간대를 의미한다. 따라서 **пять мину́т пе́рвого**는 「0시 5분」을 가리킨다. 또한 **де́сять мину́т второ́го**는 「1시 10분」을 가리킨다. 요컨대, "2번째 「時」를 향하여 10분 지났다"의 의미로 생각하면 된다.

— Кото́рый час? (지금은)몇시입니까?
— Сейча́с два́дцать мину́т второ́го. 지금은 1시 20분입니다.

☞ мину́т: мину́та 「1分」의 복수 · 속격형

(3) 「몇시에?」의 표현

Когда́?의 표현, 즉 「몇시에?」의 표현은 Кото́рый час?를 전치사 **в**를 사용하여 전치격으로 바꾸면 된다, 즉 В кото́ром часу́? 「몇시에?」가 된다. 그러나, 조심하여야 할 점은, 그 대답은 「в+대격」으로 표현한다.

— В кото́ром часу́(= когда́?) начина́ется его́ рабо́та?
— Его́ рабо́та начина́ется в 9(де́вять) часо́в.
— В кото́ром часу́ вы обы́чно встаёте?
— Я встаю́ обы́чно в 7(семь) часо́в.

(4) 「分」의 단위를 사용하여, когда́? 「언제?」에 대한 대답으로서 「~시 ~분에」로 대답할 때는 전치사 в와 함께 (2)에서 설명한 시각의 표현을 사용하면 된다.

Сего́дня я встал в 20(два́дцать) мину́т восьмо́го.

В 10(де́сять) мину́т шесто́го он уже́ до́ма.

У нас университе́тский авто́бус отхо́дит ро́вно в 10(де́сять) мину́т шесто́го от гла́вного зда́ния.

단, 사정이 그렇게 단순하지가 않아서, полови́на「半(30분)」를 사용할 때는 「в+전치격」이 되고, че́тверть「¼; 15분」를 사용할 때는 전치사 없이 그대로 부사적으로 사용한다.

Ве́чером в полови́не пя́того он конча́ет рабо́ту.

Он позвони́л ему́ че́тверть седьмо́го.

(5) 30분 이후는 보통 「~시 ~분전(에)」으로 표현한다. 예를 들어, 「3시 50분」은 「4시10분전」으로 표현한다. 전치사 без 「~없는」를 사용하여 без десяти́ (мину́т) четы́ре, 즉 "10분이 없는 4시(에)"로 표현한다. 「2시 55분(에)」은 без пяти́ (мину́т) три, 「4시 45분(에)」은 без че́тверти(мину́т) пять가 된다.

— Кото́рый час? (지금은) 몇시입니까?

— Сейча́с без десяти́ два. 지금은 2시 10분전입니다.

— В кото́ром часу́ он пришёл домо́й?

— Он пришёл домо́й без че́тверти шесть.

☞ без(+속격) ~없는/ десяти́: 수사 де́сять의 속격형(-ть로 끝나는 개수사는 -ть로 끝나는 여성명사처럼 格변화한다)

연습문제

1. 괄호 안의 표현을 러시아어로 고치시오.

(1) — Како́е сего́дня число́?
— Сего́дня ____ . (12월 27일)

(2) — Како́го числа́ вы уезжа́ете?
— Я уезжа́ю ____ . (9월 18일)

(3) — Когда́ они́ обы́чно выхо́дят из до́ма на рабо́ту?
— Они́ обы́чно выхо́дят из до́ма на рабо́ту ___ . (8시 10분)

(4) — В кото́ром часу́ конча́ется уро́к?
— Уро́к конча́ется ____ . (5시 10분전)

(5) — Когда́ ты придёшь домо́й?
— Сего́дня я приду́ домо́й ____ . (6시 반)

2. 번역하시오.

Мой рабо́чий день начина́ется в де́вять часо́в утра́. Я встаю́ в полови́не восьмо́го, де́лаю у́треннюю заря́дку, чи́щу зу́бы, принима́ю душ. В э́то вре́мя моя́ жена́ гото́вит за́втрак. По́сле за́втрака, че́тверть девя́того, я уже́ в университе́те. Обы́чно я прихожу́ в аудито́рию без десяти́ мину́т де́вять, то есть за де́сять мину́т до нача́ла рабо́ты.

☞ рабо́чий день 근무일/ у́тренний, -яя, -ее, -ие 아침의/ заря́дка 체조/ зуб 치아/ принима́ть 1 [不完] (욕조 · 샤워를)사용하다/ душ 샤워/ в э́то вре́мя 그 시간에/ за ~ до... ...하기 ~전에/ то есть 즉/ нача́ло 시작

Уро́к 33

명사의 복수 格변화

명사의 복수 · 주격의 어미는 이미 2課에서 설명하였다. 이번 課에서는 여격 · 조격 · 전치격의 복수어미에 관해 설명하겠다. 먼저 복수명사의 6格변화어미형은 3性공통이다. 즉, 명사의 性에 따라 복수어미를 달리하지 않는다.

(1) 여격 · 조격 · 전치격의 어미

단수 · 주격의 마지막 문자가 자음 또는 경모음(**а, о**)인 명사는 여격 · 조격 · 전치격에서 어미가 각각 **-ам** · **-ами** · **-ах**가 되고, 마지막 문자가 **-**자음**+ь, -й** 또는 연모음(**е, я**)인 명사는 각각 **-ям** · **-ями** · **-ях**가 된다(단, 언제나 연자음인 **ч, щ**의 뒤에서는 맞춤법에 의해 **-ам** · **-ами** · **-ах**가 된다).

1) 마지막 문자가 -자음, -а, -о인 경우

단수주격	студе́нт	студе́нтка	сло́во
여 격	студе́нтам	студе́нткам	слова́м
조 격	студе́нтами	студе́нтками	слова́ми
전치격	студе́нтах	студе́нтках	слова́х

2) 마지막 문자가 -자음+ь, -й, -е, -я인 경우

단수주격	гость	музе́й	мо́ре	пе́сня
여 격	гостя́м	музе́ям	моря́м	пе́сням
조 격	гостя́ми	музе́ями	моря́ми	пе́снями
전치격	гостя́х	музе́ях	моря́х	пе́снях

— О чём вы говори́ли?
— Мы говори́ли о словаря́х и уче́бниках.

— Твоя́ сестра́ у́чится в 10(деся́том) кла́ссе?
— Да, в сле́дующем году́ она́ бу́дет поступа́ть в университе́т.
— Она́ уже́ гото́вится к экза́менам?
— Да. Я иногда́ помога́ю ей.

— В после́днее вре́мя я почти́ не ви́жу ва́шего сы́на. Он не заболе́л?
— Нет. Пе́ред экза́менами он ка́ждый день мно́го занима́ется и всё вре́мя сиди́т и́ли в библиоте́ке, и́ли до́ма.
— Это нехорошо́. На́до иногда́ гуля́ть. Пусть берёт кни́гу в парк и занима́ется на све́жем во́здухе.

Молоды́е лю́ди не хотя́т жить в дере́внях.
Студе́нты показа́ли гостя́м библиоте́ку.
Они́ поздоро́вались с преподава́телями.

☞ в после́днее вре́мя 요즈음/ почти́ 거의/ пе́ред (+조격)(시간) ~前에/ всё вре́мя 항상, 줄곧/ пусть (3인칭과 함께 3인칭명령을 나타낸다) ~하도록 해라, 시켜라/ све́жий, -ая, -ее, -ие 신선한/ во́здух 공기

(2) 속격의 어미

속격의 경우는, 여격 · 조격 · 전치격과는 달리, 다양한 어미를 갖는다. (1)의 경우와 마찬가지로, 단수 · 주격의 마지막 문자에 따라 그 어미를 달리한다. 그것을 정리하면 다음과 같다.

마지막 문자	예	속격	어미
자음 ц(악센트어미)	студе́нт оте́ц	студе́нтов отцо́в	-ов
й ц(악센트어간)	музе́й ме́сяц	музе́ев ме́сяцев	-ев
자음+ь ья е 「쉬」音*	гость семья́ мо́ре врач	госте́й семе́й море́й враче́й	-ей
ие ия	общежи́тие аудито́рия	общежи́тий аудито́рий	-ий
а я*** о 「쉬」音+е, ц+е	кни́га студе́нтка неде́ля сло́во учи́лище	книг студе́нток** неде́ль слов учи́лищ	-無

* 「쉬」音이란 [ж, ш, щ, ч]의 4개의 音을 가리킨다.

** -а로 끝나는 여성명사의 경우, 복수 · 속격형에서 어간이 「자음+자음」으로 끝나게 되면, 이웃하는 자음 사이에 모음 -о가 들어간다.

*** -я로 끝나는 명사는 -я는 없어지지만, 연자음을 표시하는 -ь가 붙는다.

— Сего́дня в университе́те нет заня́тий, потому́ что у нас сейча́с униве́ртетский фестива́ль.

— Зна́чит, ты сего́дня бу́дешь до́ма?

— Нет, я до́лжен е́хать в университе́т. Ведь я то́же у́аствую в фестива́ле.

— У вас нет ма́рок и конве́ртов?

— Конве́ртов нет, а ма́рки есть.

— А откры́ток то́же нет?

— Нет, откры́тки есть. Вот, пожа́луйста, выбира́йте.

На на́шем факульте́те мно́го иностра́нцев.

В на́шем факульте́те рабо́тает 50 преподава́телей.

В этой поликли́нике рабо́тает 15 враче́й.

☞ заня́тия [複] 수업/ фестива́ль [男] 축제/ уча́ствовать, -вую, -вуешь [不完] (в+전치격) 참가하다/ ма́рка 우표/ конве́рт 봉투/ откры́тка 엽서/ пожа́луйста 여기 있습니다/ выбира́ть 1 [不完] 고르다/ факульте́т 학부

(3) 대격의 어미

명사의 복수 · 대격의 어미는 남성불활동체명사 및 중성명사의 경우에는 주격과 같다. 그렇지만, 남성활동체명사의 경우에는 속격과 같다. 한가지 주의해야 할 점은 여성명사의 경우이다. 여성명사가 단수로 사용될 때는 불활동체/활동체의 구별이 없었지만, 복수로 사용될 때는 불활동체와 활동체를 구별하여야 한다. 남성명사의 경우와 마찬가지로, 전자인 경우에는 주격과 같고, 후자인 경우에는 속격과 같다.

	불활동체		활동체	
	남 성	중 성	남 성	여 성
주격	журна́лы	о́кна	студе́нты	студе́нтки
속격	журна́лов	о́кон	студе́нтов	студе́нток
대격	журна́лы	о́кна	студе́нтов	студе́нток

— Кого́ ты ви́дишь на у́лице?

— На у́лице я ви́жу ма́льчиков и де́вочек, кото́рые иду́т в шко́лу.

— Эти биле́ты я купи́л в свое́й гости́нице.

— Куда́ эти биле́ты?

— В Большо́й театр на бале́т «Лебеди́ное о́зеро».

Мы хорошо́ зна́ем преподава́телей на́шего факульте́та.

Мы ви́дели её подруг.

☞ гости́ница 호텔/ Лебеди́ное о́зеро 「백조의 호수」

연습문제

주어진 단어를 사용하여 문장을 완성시키시오.

(1) Они́ смотре́ли спекта́кли в ____ . (теа́тры Москвы́)
(2) Ле́том они́ отдыха́ли в ____ . (санато́рии)
(3) Сего́дня я чита́л кни́гу о ____ . (же́нщины Росси́и)
(4) Сейча́с уро́к. Студе́нты сидя́т в ____ . (аудито́рии)
(5) По у́лицам хо́дят мно́го ____ . (автомоби́ли)
(6) В Москве́ мно́го ____ . (теа́тры и музе́и)
(7) Ско́лько ____ вы бы́ли в Москве́? (дни)
(8) Ско́лько у вас ____ ? (го́сти)
(9) У меня́ не́сколько ____ . (това́рищи)
(10) Ско́лько ____ в ва́шем до́ме? (этажи́)
(11) Я ви́дел его́ ____ . (сёстры)
(12) Сын о́чень лю́бит ____ . (соба́ки и ко́шки)
(13) Сего́дня мы ви́дели в клу́бе ____. (писа́тели и худо́жники)
(14) Ка́ждый день я занима́юсь шесть ____ . (часы́)
(15) ____ интере́сно слу́шать ле́кцию. (студе́нты)
(16) Мы рассказа́ли ____ о на́шем университе́те. (това́риши)
(17) В коридо́ре дика́н разгова́ривает с ____ . (преподава́тели)
(18) Друзья́ заказа́ли мя́со с ____ . (о́вощи)

☞ санато́рий 요양소/ автомоби́ль 男 자동차/ день 男 하루, 日/ эта́ж 층
собáка 개/ ко́шка 고양이/ заказа́ть, -кажу́, -ка́жешь 完 주문하다

Уро́к 34

1. 복수형이 불규칙인 명사의 格변화

	де́ти 아이들	лю́ди 사람들	сосе́ди 이웃
1	де́ти	лю́ди	сосе́ди
2	дете́й	люде́й	сосе́дей
3	де́тям	лю́дям	сосе́дям
4	дете́й	люде́й	сосе́дей
5	детьми́*	людьми́*	сосе́дями
6	де́тях	лю́дях	сосе́дях

* де́ти, лю́ди가 조격에서 детьми́, людьми́로 되는 점에 주의할 것

2. 복수형이 -ья인 명사의 格변화

друг, брат, сын, де́рево등과 같은 명사는 복수형어미가 불규칙이다. 이와 같은 명사의 복수 · 주격어미는 -ья이다. друг, брат, сын, де́рево의 복수格변화는 다음과 같다.

1	друзья́	сыновья́	бра́тья	дере́вья
2	друзе́й	сынове́й	бра́тьев	дере́вьев
3	друзья́м	сыновья́м	бра́тьям	дере́вьям
4	друзе́й	сынове́й	бра́тьев	дере́вья
5	друзья́ми	сыновья́ми	бра́тьями	дере́вьями
6	друзья́х	сыновья́х	бра́тьях	дере́вьях

3. 복수형으로만 사용되는 명사의 格변화

	роди́тели	о́вощи	кани́кулы
1	роди́тели	о́вощи	кани́кулы
2	роди́телей	овоще́й	кани́кул
3	роди́телям	о́вощам	кани́кулам
4	роди́телей	о́вощи	кани́кулы
5	роди́телями	о́вощами	кани́кулами
6	роди́телях	о́вощах	кани́кулах

4. э́ти, мои́, все, одни́의 格변화

1	э́ти	мои́*	все	одни́
2	э́тих	мои́х	всех	одни́х
3	э́тим	мои́м	всем	одни́м
4	э́ти/э́тих	мои́/мои́х	все/всех	одни́/одни́х
5	э́тими	мои́ми	все́ми	одни́ми
6	э́тих	мои́х	всех	одни́х

* 소유대명사 твои́, на́ши, ва́ши, свои́의 語形변화는 мои́와 같다.

5. 형용사의 복수 格변화

형용사의 복수 · 주격어미는 이미 설명하였다. 나머지 格에서의 복수어미에 관해 설명하겠다. 형용사는 명사와 관계하는 것이므로 복수에서 명사와 마찬가지로 性을 구별하지 않는다. 형용사의 5가지 기본형 중에서 но́вый형만이 경변화어미를 갖고, ру́сский형, большо́й형, си́ний형, хоро́ший형은 연변화어미를 갖는다. 경변화형용사인 ру́сский형, большо́й형이 연변화어미를 취하는 것은 맞춤법 때문이다.

(1) **но́вый(молодо́й)형**

но́вый형 형용사(어미에 악센트가 있는 **молодо́й**형도 포함하여)의 6格의 복수어미는 다음과 같다:

1	но́вые
2	но́вых
3	но́вым
4	но́вые/ но́вых
5	но́выми
6	но́вых

(2) **ру́сский형, большо́й형**

1	ру́сские	больши́е
2	ру́сских	больши́х
3	ру́сским	больши́м
4	ру́сские/ ру́сских	больши́е/ больши́х
5	ру́сскими	больши́ми
6	ру́сских	больши́х

(3) **си́ний형, хоро́ший형**

1	си́ние	хоро́шие
2	си́них	хоро́ших
3	си́ним	хоро́шим
4	си́ние/ си́них	хоро́шие/ хоро́ших
5	си́ними	хоро́шими
6	си́них	хоро́ших

— В каки́х магази́нах мы покупа́ем кни́ги?

— Мы покупа́ем кни́ги в кни́жных магази́нах.

— О чём писа́ли во вчера́шних газе́тах?

— Во вчера́шних газе́тах писа́ли об изве́стных арти́стах.

— Как ты ду́маешь, кого́ Ни́на пригласи́т на свой день рожде́ния?

— Я ду́маю, коне́чно, пригласи́т свои́х подру́г Та́ню и Иру и друзе́й Ви́ктора и Серёжу.

— Кого́ вы ждёте?

— Мы ждём на́ших знако́мых коре́йских студе́нтов. Они́ прие́хали в Москву́ на зи́мние кани́кулы.

— Ва́ши знако́мые коре́йцы понима́ют по-ру́сски?

— Нет, но они́ хорошо́ зна́ют англи́йский язык и мы бу́дем говори́ть по-англи́йски.

— Интере́сно, кака́я за́втра бу́дет пого́да?

— По ра́дио говори́ли, что за́втра бу́дет хоро́шая пого́да.

— Зна́чит, за́втра дождя́ не бу́дет?

— Не дожно́ быть. (그런 일은) 있을 수 없다.

— Прекра́сно! За́втра вме́сто ску́чных дома́шних дел мо́жно бу́дет поигра́ть в те́ннис.

— Кому́ нра́вится о́чень мо́дные пла́тья?

— Очень мо́дные пла́тья нра́вятся мо́дным де́вушкам.

— Игорь, ты увлека́ешься каки́м-нибу́дь спо́ртом?

— Да, я люблю́ игра́ть в футбо́л, бе́гать, пла́вать.

— А где ты обы́чно занима́ешься спо́ртом?

— Я со свои́ми друзья́ми обы́чно игра́ю в футбо́л на университе́тском стадио́не. А бе́гать я люблю́ ка́ждое у́тро в на́шем лесопа́рке. Там прекра́сные берёзовые алле́и. Ле́том я пла́ваю там в о́зере.

☞ по(+여격)(수단)..로; по ра́дио 라디오를 통하여 / вме́сто (+속격)..대신에/ прекра́сно [술어]매우 좋다/ де́ло 일/ мо́дный, -ая, -ое, -ые ①유행의 ②유행을 좇는/ после́дний раз 마지막으로/ отве́т 답장/ како́й-нибу́дь (무엇이든지)어떤/ лесопа́рк (교외의)산림공원/ берёзовая алле́я 자작나무 가로수길

연습문제

주어진 단어결합을 사용하여 문장을 완성시키시오.

(1) Анто́н ча́сто ду́мает о ____ . (бра́тья и сёстры)
(2) Они́ занима́ются в ____ . (больши́е све́тлые аудито́рии).
(3) Студе́нты живу́т в ____ . (прекра́сные общежи́тия)
(4) Ма́ма расска́зывает о ____ . (её ма́ленькие де́ти)
(5) Я жду ____ . (мои́ ста́рые това́рищи)
(6) Джон зна́ет ____ . (э́ти симпати́чные де́вушки)
(7) Мы встре́тили в кино́____ . (на́ши но́вые друзья́)
(8) Мать купи́ла игру́шки для ____ . (де́ти)
(9) Э́то ве́щи ____ . (на́ши сосе́ди)
(10) Мне нра́вятся карти́ны ____ . (э́ти молоды́е худо́жники)
(11) У меня́ на столе́ стоя́т фотогра́фии ____ . (мои́ роди́тели)
(12) В на́шей библиоте́ке мно́го ____ . (ру́сские кни́ги)
(13) Он показа́л нам фотогра́фии ____ . (его́ ста́рые студе́нты)

(14) Хочу́ посла́ть кни́ги ____ . (бли́зкие друзья́)

(15) .... интере́сно изуча́ть ру́сский язык. (э́ти молоды́е лю́ди)

(16) Вчера́ в па́рке я встре́тился с ____ . (на́ши хоро́шие друзья́)

(17) В Москве́ мы познако́мились с ____ . (ру́сские студе́нты)

(18) Я ещё не знако́м с ____ . (твои́ но́вые това́рищи)

☞ прекра́сный, -ая, -ое, -ые 훌륭한/ о́сенью 가을에/ игру́шка 장난감/ для (+속격)~을 위하여/ посла́ть, пошлю́, -шлёшь... -шлю́т 完 보내다/

Уро́к 35

부동사

부동사는 동사에서 파생된 품사이다. 영어의 부사적 기능을 하는 분사(particle)에 해당된다. 예를 들어, Reading a book, I fell in sleep.(책을 읽다가, 나는 잠이 들었다)에서 시간을 나타내는 분사 reading은 부사로서의 기능을 하면서(While I was reading), 동시에 a book을 보어로 취하고 있다. 즉, reading은 부사와 동사의 기능을 동시에 수행하고 있다. 이러한 reading과 같은 기능을 하는 것이 러시아어에서는 부동사이다. 동사의 기능을 하기 때문에 「부동사불완료」와 「부동사완료」의 2가지 형태가 있다. 부동사는 口語에서는 사용하지 않고, 文語에서만 사용한다.

(1) 부동사불완료

부동사불완료는 동일한 주체가 행하는 2가지 이상의 동작 중에서 어느 한 쪽을 묘사하여 다른 동작과의 同時性을 나타낸다. 부동사불완료의 형태는 불완료상동사의 복수 · 3인칭형에서 어미를 지우고, 접미사 **-я**를 붙인다. 어간의 마지막이 「쉬」音(**ж, ш, щ, ч**)인 경우에는 **-а**를 붙인다.

불완료상동사	복수 · 3인칭	부동사불완료	의 미
чита́ть	чита́-ют	чита́-я	읽으면서
говори́ть	говор-я́т	говор-я́	말하면서
спеши́ть	спеш-а́т	спеш-а́	서두르면서
занима́ться	занима́-ются	занима́-ясь	종사하면서

단, **-авать**형 동사의 경우는, 복수 · 3인칭형이 아닌, 동사부정형의 어간에서 만든다.

불완료상동사	동사부정형	부동사불완료	의 미
встава́ть дава́ть	встава́-ть дава́-ть	встава́-я дава́-я	일어나면서, 일어날 때 주면서, 줄 때

부동사불완료가 갖는 의미를 예를 들어 설명하면 다음과 같다.

Мы гуля́ли и разгова́ривали.

Когда́ мы гуля́ли, мы разгова́ривали.

위의 2문장은 같은 의미이다. 동시동작을 나타낸다. 동시동작을 나타내는 동사들 중의 어느 한 쪽을 부동사불완료로 바꿀 수 있다.

Гуля́я, мы разгова́ривали.

우리들은 산책을 하면서(산책을 할 때), 이야기를 하였다.

부동사는 부사와 동일한 기능을 하기 때문에 부동사 자체는 시제를 표시할 수 없다. 시제는 함께 사용되는 主文에서 확인하여야 한다.

Гуля́я, мы разгова́риваем. (현재시제)

Гуля́я, мы разгова́ривали. (과거시제)

Гуля́я, мы бу́дем разгова́ривать. (미래시제)

Чита́я письмо́ отца́, я ду́мал о свои́х роди́телях.

Он стоя́л в коридо́ре, разгова́ривая с това́рищем.

Сидя́ в свое́й ко́мнате, он слу́шал ра́дио.

Выхо́дя из до́ма, я ча́сто встреча́ю э́того челове́ка.

Отвеча́я на экза́мене, он о́чень волнова́лся.

Сдава́я экза́мены, он мно́го занима́лся.

Встреча́ясь с друзья́ми, мы говори́м друг дру́гу: «Здра́вствуйте!»

(2) 부동사완료

부동사불완료가 동시동작을 묘사한다면, 부동사완료는 순차적인 동작을 표현한다. 부동사완료의 형태는 완료상동사의 과거형에서 과거형어미를 지우고, 접미사 **-в**를 붙인다. **ся**동사인 경우에는 **-вшись**를 붙인다.

완료상동사	과거형	부동사완료	의 미
прочита́ть	прочита́-л	прочита́-в	읽고나서
откры́ть	откры́-л	откры́-в	열고나서
верну́ться	верну́-лся	верну́-вшись	돌아온 후에

단, 일부의 접두사가 붙은 운동동사는 인칭변화형어간에 **-я**를 붙여 만든다.

완료상동사	인칭변화형어간	부동사완료	의미
прийти́	прид-у́т	прид-я́	도착한 후에
вы́йти	вы́йд-ут	вы́йд-я	나가고나서
подойти	подойд-ут	подойд-я	다가간 후에
принести́	принес-у́т	принес-я́	가지고 온 후에

부동사완료가 갖는 의미를 다른 예문과 대조하여 설명하면 다음과 같다.

Купи́в проду́кты, Ве́ра пошла́ домо́й.
Ве́ра купи́ла проду́кты, она́ пошла́ домо́й.
Когда́ Ве́ра купи́ла проду́кты, она́ пошла́ домо́й.
Снача́ла Ве́ра купи́ла проду́кты, она́ пошла́ домо́й.

위의 4문장은 모두 같은 의미이다. 모두 동일한 주체가 행한 순차적 동작을 표현한다. 부동사완료는 동작의 완료 · 결과를 나타내는 완료상동사에서 파생된 것이기 때문에 부동사완료는 앞서 일어나 종료된 동작을 묘사한다.

Сде́лав упражне́ния, он на́чал чита́ть текст.
Верну́вшись на ро́дину, я бу́ду рабо́тать инжене́ром.
Подня́вшись на́ гору, тури́сты уви́дел вдали́ мо́ре.

Встре́тив на вокза́ле сестру́, Ни́на пое́хала домо́й.

Подойдя́ к остано́вке, я уви́дел Та́ню.

Вы́йдя из аудито́рии, я встре́тил своего́ това́рища.

Придя́ домо́й, Андре́й уви́дел на столе́ письмо́.

Подплы́в к бе́регу, он вы́шел из ло́дки.

Уви́дев э́того челове́ка, я сра́зу узна́л его́.

Собра́в кни́ги и тетра́ди, положи́в их в портфе́ль, студе́нтка вы́шла из кла́сса.

☞ подня́ться, -ниму́сь, -ни́мешься 完 ①올라가다, ②일어나다/ тури́ст 관광객/ вдали́ 멀리에서/ подплы́ть, -плыву́, -плывёшь 完 (к+여격) (배를 타고)접근하다/ ло́дка 보트/ собра́ть, -беру́, -берёшь 完 모으다

(3) 부동사의 추가적 의미

부동사는 시간의 동시성, 순차성의 의미 이외에 문맥에 따라 조건 · 이유 · 원인 등의 추가적 의미의 상황을 나타낸다.

Хорошо́ зна́я ру́сский язы́к, ваш друг смо́жет рабо́тать переводчиком. (조건)

Прожи́в 5 лет в Москве́, он хорошо́ говори́т по-ру́сски. (이유)

Заболе́в, мой друг лёг в больни́цу. (원인)

☞ смочь(мочь와 동일변화) 完 ~할 수 있다/ перево́дчик 통역/ прожи́ть (жить와 동일변화) 完 (일정 기간)생활하다/ лечь, ля́гу, ля́жешь; 과거형 лёг, легла́, легли́ 完 (동작) 눕다

연습문제

1. 보기를 보고, 밑줄 친 동사를 부동사불완료로 바꾸시오.

보기: Когда́ Серге́й обе́дал, он слу́шал но́вости. → Обе́дая, Серге́й слу́шал но́вости.

(1) Когда́ Вера де́лает дома́шнее зада́ние, она́ слу́шает ра́дио.

(2) Когда́ Води́м расска́зывал о Москве́, он пока́зывал фотогра́фии.

(3) Когда́ ма́ма говори́т о де́тях, она́ всегда́ улыба́ется.

(4) Когда́ де́ти игра́ют, они́ смею́тся.

(5) Когда́ Па́вел шёл в институ́т, он ду́мал об экза́мене.

(6) Когда́ мы бу́дем отдыха́ть на ю́ге, мы бу́дем мно́го купа́ться и загора́ть.

(7) Когда́ мы бу́дем у́чимся в Росси́и, мы бу́дем разгова́ривать то́лько по-ру́сски.

2. 1.의 보기와 같이, 밑줄 친 동사를 부동사완료로 바꾸시오.

(1) Когда́ Ко́ля сде́лает дома́шнее зада́ние, он позвони́т дру́гу.

(2) Когда́ мы сда́ли экза́мен, мы пошли́ в бар.

(3) Когда́ мы отдохну́ли на мо́ре, мы верну́лись домо́й.

(4) Когда́ ма́ма придёт домо́й, она́ пригото́вит обе́д.

(5) Когда́ студе́нты позанима́ются в библиоте́ке, они́ поу́жинают в кафе́.

☞ улыба́ться 1 不完 미소짓다/ купа́ться 1 不完 1 물놀이하다/ загора́ть 1 不完 일광욕하다/ сдать (дать와 동일변화) 完 (시험을)치다/ бар 술집/ отдохну́ть, -ну́, -нёшь 完 쉬다, 휴식을 취하다/ пригото́вить, -влю, -вишь 完 (식사를)준비하다

Уро́к 36

형동사

형동사는, 부동사와 마찬가지로, 동사에서 파생된 품사이다. 영어의 형용사적 기능의 분사에 해당된다. 예를 들어, I saw the man crossing the street. (나는 그 남자가 거리를 건너가는 것을 보았다)에서 crossing은 the man을 수식하는 형용사적 기능을 하면서 동시에 the street를 목적어로 취하는 동사의 역할을 하고 있다. 이와 같은 crossing과 동일한 기능을 하는 품사를 러시아어에서는 형동사라고 부른다. 형동사는 형용사의 기능을 하기 때문에 피수식어의 性·數·格에 따라 語形변화를 한다. 형동사는 능동형동사와 피동형동사, 그리고 각각 현재와 과거형이 있어 4가지의 형태로 분류된다. 형동사도 文語에서만 사용하고, 口語에서는 사용하지 않는다.

(1) 능동형동사현재

능동형동사현재형은 당연히 불완료상동사에서 만든다. 능동형동사현재형은 불완료상동사의 복수·3인칭형의 어미, 즉 **-ют(-ут)**, **-ят(-ат)**에서 마지막 **-т**를 지우고, **-щий (-щая, -щее, -щие)**를 붙인다. 능동형동사현재형은 연변화 형용사 **хоро́ший**형처럼 語形변화를 한다.

불완료상동사	복수·3인칭	능동형동사현재	의 미
чита́ть	чита́-ют	чита́-ю-щий	읽고 있는
писа́ть	пи́ш-ут	пи́ш-у-щий	쓰고 있는
говори́ть	говор-я́т	говор-я́-щий	말하는
лежа́ть	леж-а́т	леж-а́-щий	놓여 있는
учи́ться	у́ч-ат-ся	у́ч-а-щий-ся*	배우는

* **ся**동사의 능동형동사의 형태에서 **-ся**는 자음 뒤에서도, 모음 뒤에서도 모두 **-ся**가 된다. **-ся**는 모음 뒤에서 **-сь**로 바뀌지만, 능동형동사의 경우는 바꾸지 않는다. 예를 들어, **учи́ться**의 능동형동사의 여성형은 **у́чащаяся**가 된다.

В аудито́рию вошёл профе́ссор, чита́ющий нам ле́кции по исто́рии.

Де́вушка, чита́ющая сейча́с письмо́, у́чится в на́шей гру́ппе.

Мы бы́ли в гостя́х у поэ́та, пи́шущего хоро́шие стихи́.

Вчера́ я получи́л письмо́ от сестры́, живу́щей в Ло́ндоне.

Я попроси́л сестру́, хорошо́ зна́ющую ру́сский язы́к, перевести́ э́тот текст.

Я помога́ю студе́нту, изуча́ющему ру́сский язы́к.

Я знако́м с одно́й семьёй, живу́щей в э́том до́ме.

Я поздоро́вался с челове́ком, иду́щим нам навстре́чу.

В газе́тах писа́ли о челове́ке, говоря́щем на 18(восемна́дцати) языка́х.

В коридо́ре стоя́т студе́нты, сдаю́щие сего́дня экза́мен по литерату́ре.

На вы́ставку пришли́ лю́ди, интересу́ющиеся фотогра́фией.

Я хорошо́ понима́ю люде́й, говоря́щих по-ру́сски.

Я ча́сто пишу́ друзья́м, живу́щим в Москве́.

Я сейча́с говорю́ о студе́нтах, у́чащихся в на́шей гру́ппе.

Я знако́ма с де́вушками, рабо́тающими в на́шей библиоте́ке.

☞ по (+여격)(활동영역 · 범위) ~에 관한/ быть в гостя́х у (+속격)누구에게 초대받아 가다/ попроси́ть, -прошу́, -про́сишь 完 부탁하다/ перевести́, -веду́, ведёшь 完 번역 · 통역하다/ навстре́чу 이쪽을 향하여

(2)능동형동사과거

능동형동사과거형은 불완료상 · 완료상동사 모두에서 파생된다. 능동형동사 과거형은 동사의 과거형어미를 지우고, 어간의 마지막 音이 모음이면, **-вший** (**-вшая, -вшее, -вшие**)를 붙이고, 자음이면 **-ший** (**-шая, -шее, -шие**)를 붙인다. 연변화형용사 хоро́ший형처럼 語形변화를 한다.

동 사	과거형	능동형동사과거	의 미
изуча́ть	изуча́-л	изуча́-вший	공부하였던
написа́ть	написа́-л	написа́-вший	썼던
рабо́тать	рабо́та-л	рабо́та-вший	일을 하였던
учи́ться	учи́-л-ся	учи́-вший-ся	배웠던
нести́	нёс	нес-ший	운반하였던
помо́чь	помо́г	помо́г-ший	도와주었던
идти́	шёл	ше́дший*	가고 있었던

* **идти́**의 능동형동사과거형인 **ше́дший**는 불규칙이다.

Писа́тель, написа́вший э́тот рома́н, живёт в Пари́же.

Сего́дня я был у врача́, лечи́вшего меня́ в про́шлом году́.

Я люблю́ кни́ги писа́тельницы, написа́вшей э́тот рома́н.

Я спроси́л де́вушку, стоя́вшую на стоя́нке такси́, где нахо́дится теа́тр.

На́до отда́ть де́ньги на́шему сосе́ду, купи́вшему для нас э́ти кни́ги.

Я знако́м с поэ́том, написа́вшим э́ти стихи́.

Вы мне расска́зывали о студе́нтке, прие́хавшей из Росси́и.

Студе́нты, верну́вшиеся из Москвы́, хорошо́ говоря́т по-ру́сски.

Вчера́ мы ви́дели студе́нтов, верну́вшихся из Москвы́.

Мы пригласи́ли на свой ве́чер студе́нтов, прие́хавших из Коре́и.

В гора́х мы встре́тили альпини́стов, поднима́вшихся на са́мую высо́кую верши́ну.

Джон занима́ется ру́сским языко́м со студе́нтами, прие́хавшими из Коре́и.

☞ Пари́ж 파리/ лечи́ть, -чу́, -чишь 不完 치료하다/ стоя́нка такси́ 택시 승차장/ отда́ть (дать와 동일변화) 完 건네주다/ де́ньги 複 돈/ альпини́ст 등산객/ поднима́ться 1 不完 올라가다/ верши́на 정상

연습문제

1. 괄호 안의 동사를 알맞은 능동형동사현재형으로 고치시오.

(1) Моя́ подру́га, ___ в Сеу́ле, пи́шет мне интере́сные пи́сьма. (жить)

(2) Студе́нты ____ экза́мен, о́чень волну́ются. (сдава́ть)

(3) Вот иду́т де́ти, ____ в шко́ле. (учи́ться)

(4) Де́вушку, ____ проду́кты, зову́т Лари́са. (покупа́ть)

(5) У Макси́ма, ____ в на́шем до́ме, мно́го друзе́й. (жить)

(6) Я живу́ в до́ме, ____ в це́нтре го́рода. (находи́ться)

(7) Мы разгова́ривали со студе́нтами, ____ ру́сский язы́к. (изуча́ть)

(8) Вы зна́ете э́тих молоды́х люде́й, ____ по-англи́йски? (говори́ть)

2. 괄호 안의 동사를 알맞은 능동형동사과거형으로 고치시오.

(1) Ви́ктор, ____ университе́т в про́шлом году́, нашёл хоро́шую рабо́ту. (око́нчить)

(2) Подру́га, ____ мне вчера́ ве́чером, живёт в друго́м го́роде. (позвони́ть)

(3) Студе́нты, ____ в Росси́и, хорошо́ говоря́т и понима́ют по-ру́сски. (учи́ться)

(4) Молодо́й челове́к, ____ с на́ми в клу́бе, у́чится в на́шем университе́те. (познако́миться)

(5) Я говорю́ о Вади́ме, ____ в на́шей фи́рме 2 го́да наза́д. (рабо́тать)

(6) Де́тям, ____ в па́рке, было ве́село. (игра́ть)

☞ проду́кты 複 식료품/ око́нчить, -чу́, -чишь 完 종료하다, 졸업하다/ фи́рма 회사/ наза́д (시간) ~前에; 2 го́да наза́д 2년 전에

Уро́к 37

피동형동사

피동형동사는 피동, 즉 수동의 의미를 생각해 보면 알 수 있듯이, 목적보어를 갖는 타동사에서만 파생된다. 36課에서 설명한 능동형동사의 被수식어는 동작주체가 되지만, 피동형동사의 被수식어는 동작의 대상이 된다. 피동형동사의 구문에서 동작주체는 조격으로 표시된다. 피동형동사의 경우도 현재형과 과거형이 있다.

(1) 피동형동사현재

피동형동사현재는 불완료상의 타동사의 복수 · 1인칭형에 **-ый** (-ая, -ое, -ые)를 붙여 만든다. 피동형동사현재형은 경변화형용사 **но́вый**형처럼 語形변화를 한다.

불완료상동사	복수 · 1인칭	피동형동사현재	의 미
чита́ть	чита́ем	чита́ем-ый	읽혀지는
люби́ть	лю́бим	люби́м-ый	사랑받는
уважа́ть	уважа́ем	уважа́ем-ый	존경받는
сообща́ть	сообща́ем	сообща́ем-ый	보도되는

단, **-авать**형 동사의 경우는, 복수 · 1인칭형이 아닌, 동사부정형의 어간에 **-емый**를 붙여 만든다.

불완료상동사	동사부정형	피동형동사현재	의 미
продава́ть	продава́-ть	продава́-емый	팔리는
передава́ть	передава́-ть	передава́-емый	전달되는

Мы обсужда́ем но́вости, сообща́емые газе́тами.

На уро́ке мы чита́ли стихи́ поэ́та, люби́мого мной с де́тства.

Из всех предме́тов, изуча́емых (студе́нтами) в университе́те, бо́льше всего́ я люблю́ исто́рию.

Я ча́сто смотрю́ фи́льмы, пока́зываемые в э́том кинотеа́тре.

Овощи, продава́емые на ры́нке, деше́вле, чем в магази́не.

☞ обсужда́ть 1 不完 토론하다/ с (+속격)(시간) ~부터/ де́тство 어린시절; с де́тства 어릴 때부터/ бо́льше всего́ 무엇보다도, 제일/ кинотеа́тр 영화관

(2) 피동형동사과거

피동형동사과거형은 완료상 타동사에서만 만들어 진다. 피동형동사과거형은 동사부정형의 모양의 차이에 따라 3가지 유형의 접미어를 갖는다.

1) 동사부정형이 **-ать, -еть, -ять**인 동사

-ать, -еть, -ять로 끝나는 동사는 부정형의 어간에 **-нный**를 붙인다.

완료상동사부정형	피동형동사과거	의 미
написа́-ть	напи́са-нный*	쓰여진
прода́-ть	про́да-нный	팔린
посла́-ть	по́сла-нный	보내진
посмотре́-ть	посмо́тре-нный	보여진
потеря́-ть	поте́ря-нный	분실된

* **-нный**의 접미어를 갖는 피동형동사과거의 악센트의 위치는, 부정형의 악센트가 마지막 음절에 있는 경우, 한 음절 앞으로 이동한다. 부정형의 악센트가 마지막 음절보다 앞에 있는 경우는 악센트는 이동하지 않는다.

2) 동사부정형이 **-ить** 또는 부정형의 어간이 자음인 동사

-ить로 끝나는 동사 및 부정형의 어간이 자음으로 끝나는 동사(**принести**)는 단수 · 1인칭의 어간에 **-енный**를 붙인다. 이 때, 악센트의 위치는 단수 · 2인칭에서의 악센트의 위치와 동일하다.

완료상동사	단수 · 1인칭	피동형동사과거	의 미
получи́ть постро́ить купи́ть пригласи́ть принести́	получ-у́ постро́-ю купл-ю́ приглаш-у́ принес-у́	полу́ч-енный постро́-енный ку́пл-еннный приглаш-ённый принес-ённый	접수된 건설된 구매된 초대된 가져온

3) 인칭변화형이 불규칙인 동사

인칭변화형이 불규칙인 동사들은 부정형의 어간에 **-тый**를 붙인다.

완료상동사부정형	피동형동사과거	의 미
откры́-ть забы́-ть взя́-ть оде́-ть при́ня-ть	откры́-тый забы́-тый взя́-тый оде́-тый при́ня-тый	열린 잊혀진 잡힌 입혀진 채택된

Я не́сколько раз прочита́л письмо́, напи́санное мои́м отцо́м.
Я верну́л в библиоте́ку кни́гу, прочи́танную мной.
Фильм, пока́заный нам в клу́бе, был о́чень весёлый.
Я нашёл кни́гу, поте́рянную Ле́ной.
Мы разгова́ривали с гостя́ми, приглашёнными на фестива́ль.
Вчера́ мы обе́дали в кафе́, постро́енном в про́шлом году́.
Я чита́ю кни́гу, пода́ренную друзья́ми.
Вот ша́пка, ку́пленная в Москве́.
Де́ти, оста́вленные роди́телями до́ма, смотре́ли телеви́зор.
Па́пка, забы́тая студе́нткой, лежи́т в аудито́рии.
Я разгова́ривал со студе́нтами, при́нятыми на пе́рвый курс.
Прия́тно ви́деть го́ры, покры́тые сне́гом.

☞ **верну́ть, -ну́, -нёшь** 完 돌려주다/ **потеря́ть** 1 完 잃다/ **фестива́ль** 男 축제/ **постро́ить** 2 完 건설하다, 세우다/ **оставить, -влю, -вишь** 完 남겨두다/ **приня́ть, приму́, -при́мешь** 完 받아들이다, 채용하다/ **покры́ть, -кро́ю, -кро́ешь** 完 덮다

(3) 피동형동사단어미

피동형동사과거형은 단어미형으로 사용되어 수동태문을 만든다. 피동형동사 과거의 단어미형은 (2)의 **-нный, -енный, -тый**에서 어미(**-ый**)를 지우고 다시 **-н**하나를 더 지우면 그것이 단어미남성형이 된다. 여기에 **-а, -о, -ы**를 첨가하면, 각각 여성, 중성, 복수형이 된다. 어미가 **-тый**인 경우는 형용사의 경우와 같다.

피동형동사과거형	피동형동사단어미형
напи́сан-ный	напи́сан, -пи́сана, -пи́сано, -пи́саны
постро́ен-ный	постро́ен, -ро́ена, -ро́ено, -ро́ены
откры́т-ый	откры́т, откры́та, откры́то, откры́ты

피동형동사과거는 명사를 수식하는 기능을 하지만, 피동형동사단어미는 오로지, 형용사의 단어미와 마찬가지로, 술어(서술어)의 기능만을 한다. 피동형동사단어미는 과거의 시제를 떠나 형용사단어미의 성격을 갖게 되어, 단어미가 사용된 문장에서의 시제는 **быть**의 변화형에 의해 표시된다. 이 때, 술어로 사용된 단어미는 수동동작의 완료된 상태를 나타낸다.

Сего́дня вы́ставка откры́та. 전람회는 오늘 열리고 있다. (현재)
Вчера́ вы́ставка была́ откры́та. 전람회는 어제 개막되었다. (과거)
За́втра вы́ставка бу́дет откры́та. 전람회는 내일 개막된다. (미래)

Этот уче́бник напи́сан для неру́сских студе́нтов.
Это зда́ние постро́ено в 1996 году́.
В како́м магази́не ку́плена э́та карти́на?
Неда́вно в клу́бе была́ откры́та фотовы́ставка.
Эти фотогра́фии сде́ланы мои́м това́рищем.

Все биле́ты про́даны.

Этот рома́н бу́дет переведён на францу́зский язы́к.

☞ прода́ть (дать와 동일변화) 完 팔다/ перевести́, -веду́, -ведёшь 完 (на+대격) ~(언어)로 번역 · 통역하다

연습문제

주어진 동사의 피동형동사과거의 장어미 또는 단어미를 넣으시오.

(1) ① Кни́ги, ____ мной, я сдал в библиоте́ку.
② Эти кни́ги уже́ ____ мной. (прочита́ть)

(2) ① Анна чита́ет письмо́, ____ из до́ма.
② Это письмо́ ____ неде́лю наза́д. (получи́ть)

(3) ① Наш дом ____ неда́вно.
② На́ша семья́ живёт в до́ме, ____ год наза́д. (постро́ить)

(4) ① Наш университе́т ____ в 1956 году́.
② Мы у́чимся в университе́те, ____ в 1956 году́. (созда́ть)

(5) ① Я чита́ю рома́н, ____ одни́м францу́зским писа́телем.
② Рома́н был ____ в 1955 году́. (написа́ть)

(6) ① Мой друг показа́л мне кни́ги, ____ им в магази́н.
② Эти кни́ги ____ им в магази́не. (купи́ть)

(7) ① Мы бы́ли на вы́ставке, ____ молоды́ми худо́жниками.
② Вы́ставка ____ молоды́ми худо́жниками. (организова́ть)

(8) ① Вы прочита́ли статью́, ___ в после́днем но́мере журна́ла?
② Эта статья́ ____ в после́днем но́мере журна́ла. (напеча́тать)

☞ сдать (дать와 동일변화) 完 건네(주)다/ создáть (дать와 동일변화) 完 창설하다/ организовáть, -зýю, -зýешь 完 개최하다/ статья́ 기사/ послéдний, -яя, -ее, ие 최신의/ нóмер 번호가 붙은 것/ напечáтать 1 完 인쇄하다, 게재하다

연습문제 해답

제1과

1. Анто́н, студе́нт
2. э́то не Анто́н, Макси́м, он инжене́р
3. парк, доро́га, центр

제2과

1. (1) он (2) она́ (3) оно́ (4) она́ (5) она́ (6) он
   (7) он (8) оно́ (9) он

2. (1) Это студе́нты. (2) Это трамва́и. (3) Это тетра́ди.
   (4) Это аудито́рии. (5) Это портфе́ли. (6) Это пи́сьма.
   (7) Это общежития (8) Это сдовари́. (9) Это студе́нтки.
   (10) Это врачи́.

3. (1) Это дома́. (2) Это города́. (3) Это друзья́. (4) Это дере́вья.
   (5) Это люди. (6) Это де́ти. (7) Это сосе́ди.
   (8) Это я́блоки

제3과

2. (1) моя́ (2) ва́ше, моё (3) на́ша (4) мой (5) на́ши
3. (1) её (2) его́ (3) их (4) её

제4과

1. (1) говори́т (2) понима́ете (3) объясня́ет
   (4) де́лаешь, Смо́трю (5) гото́вит (6) пишу́ (7) люблю́

2. (1) Они́ говоря́т по-ру́сски. (2) Вы хорошо́ говори́те по-ру́сски. (3) Мы сейча́с говори́м по-ру́сски. (4) Он изуча́ет англи́йский язы́к. (5) Они́ сейча́с повторя́ют текст. (6) Я знаю диало́г. (7) Студе́нт и студе́нтка хорошо́ зна́ют диало́г. (8) Анна и Па́вел хорошо́ чита́ют текст.

제5과

1. (1) его́ (2) её (3) их (4) его́ (5) вас (6) меня́ (7) его́
2. (1) письмо́ (2) журна́л (3) му́зыку (4) тетра́дь (5) пе́сню (6)степе́ндию

제6과

1. (1) Он живёт в Москве́. (2) Он студе́нт (3) Он у́чится в университе́те (4) Сейча́с он сиди́т на уро́ке. (5) Они́ лежа́т на столе́. (6) Доска́ виси́т на стене́. (7) Преподава́тель пи́шет на доске́, а студе́нты пи́шут в тетра́ди. (8) Он обе́дает в кафе́.
   (9) По́сле обе́да он отдыха́ет, а пото́м гото́вит уро́ки.
   (10) Он гото́вит уро́ки иногда́ в библиоте́ке, а иногда́ до́ма.

2. (1) в институ́те (2) на стене́ (3) в ко́мнате (4) в па́пке
   (5) в Москве́ (6) в университе́те (7) в саду́ (8) в лесу́

제7과

1. (1) о семье́ (2) о литерату́ре (3) об экза́мен (4) о ко́смосе
2. (1) о ней (2) о нём (3) обо мне (4) о них
3. (1) мо́жет (2) мо́жете (3) мо́жешь, могу́
4. (1) хочу́ (2) хо́чешь (3) хо́чет (4) хоти́м
5. (1) люблю́ (2) лю́бите (3) лю́бят (4) лю́бит

제8과

(1) ста́рый, ста́рая, ста́рое, ста́рые
(2) чёрный, чёрная, чёрное, чёрные
(3) голубо́й, голуба́я, голубо́е, голубы́е
(4) сосе́дний, сосе́дняя, сосе́днее, сосе́дние
(5) после́дний, после́дняя, после́днее, после́дние
(6) высо́кий, высо́кая, высо́кое, высо́кие
(7) ти́хий, ти́хая, ти́хое, ти́хие
(8) большо́й, больша́я, большо́е, больши́е
(9) чужо́й, чужа́я, чужо́е, чужи́е
(10) хоро́ший, хоро́шая, хоро́шее, хоро́шие
(11) ста́рший, ста́ршая, ста́ршее, ста́ршие

제9과

1. (1) рабо́тает, рабо́тал (2) жи́ли, живём (3) изуча́ет, изуча́ла (4) у́жинаем, у́жинали (5) обе́дают, едя́т, обе́дали, е́ли

2. Что мы <u>де́лали</u> на уро́ке? Мы <u>чита́ли</u> текст. Пото́м препода-

ва́тель спра́шивал, а мы отвеча́ли. Мин Су расска́зывал текст бы́стро и пра́вильно, он хорошо́ зна́л слова́. Когда́ он отвеча́л, мы слу́шали внима́тельно. Пото́м преподава́тель объясня́л уро́к. Мы понима́ли, что говори́л преподава́тель. Мы писа́ли дикта́нт, говори́ли по-ру́сски. Все студе́нты рабо́тали хорошо́.

제10과

1. (1) ста́ром, краси́вом (2) студе́нческом (3) большо́й, све́тлой (4) изве́стной (5) большо́й, но́вой (6) ма́ленькой (7) сосе́днем (8) сосе́дней (9) ста́ршем

2. (1) моём (2) твоей (3) своём (4) на́шем ста́ром (5) на́шем (6) на́шей студе́нческой (7) э́том большо́м (8) э́той но́вой

제11과

1. (1) идёт, е́дет (2) е́дешь, идёшь, е́ду (3) идём, е́дем (4) е́дем, иду́ (5) е́дешь, е́ду, иду́ (6) е́дет, идёт

2. (1) в библиоте́ку (2) на ры́нок (3) в рестора́н и́ли в кафе́ (4) в кино́ и́ли на конце́рт (5) в теа́тр на спекта́кль (6) в аудито́рию на уро́к (7) на вы́ставку (8) в Росси́ю в Петербу́рг

제12과

1. (1) бу́дет (2) бу́дут (3) бу́ду (4) бу́дет

2. (1) будем говорить (2) буду делать (3) будут смотреть (4) буду слушать (5) будешь изучать (6) будет объяснять

3. (1) Студенты будут рассказывать текст.
(2) Вечером мы будем смотреть телевизор.
(3) Я буду писать письмо.
(4) Вечером я буду готовить домашнее задание
(5) Она будет рисовать портрет.

제13과

2. (1) в понедельник (2) в субботу и в воскресенье (3) во вторник (4) в среду (5) в пятницу (6) в четверг

3. (1) начинается(кончается) (2) начинает(кончает) (3) кончается (4) начинается (5) начинает, кончает

제14과

1. (1) Это комната сестры. (2) Это телефон студентки.
(3) Это книги преподавательницы. (4) Это пальто гостя.
(5) Около дома стоит машина Андрея.
(6) В театре работает брат Тани.
(6) В университете учится сестра Бариса.
(6) В Москве учится друг Марии.

2. (1) У нас есть родители. (2) У него есть учебник.
(3) У неё есть дети. (4) У них есть квартира.

(5) У тебя есть пальто́? (6) У вас есть сестра́?

3. (1) У Ко́ли. (2) У дру́га. (3) У преподава́теля.
   (4) У Андре́я и Анны.

제15과

1. (1) моего́ бра́та (2) мое́й сестры́ (3) моего́ лу́чшего дру́га
   (4) э́той студе́нтки

2. (1) изве́стного писа́теля (2) ру́сского языка́
   (3) моего́ ста́ршего бра́та (4) на́шего но́вого дика́на
   (5) мое́й ста́ршей сестры́ (6) на́шей студе́нтки
   (7) на́шей преподава́тельницы (8) э́того фи́льма

제16과

1. (1) Нет, у меня́ нет чи́стой тетра́ди.
   (2) У меня́ в ко́мнате нет кни́жного шка́фа.
   (3) Нет, у на́шей преподава́тельницы нет э́той кни́ги.
   (4) Нет, у э́того студе́нта нет ли́шнего биле́та в теа́тр.
   (5) Нет, вчера́ у нас не́ было контро́льной рабо́ты.
   (6) Нет, вчера́ у нас не́ было уро́ка ру́сского языка́.
   (7) Нет, в воскресе́нье у нас не бу́дет экску́рсии в музе́й.
   (8) Нет, в суббо́ту у нас в клу́бе не бу́дет конце́рта.

2. (1) ме́сяца (2) сестры́ (3) письма́ (4) дня (5) кни́ги, журна́ла
   (6) неде́ли (7) ра́за (8) страни́цы

제17과

1. (1) чита́л, прочита́ли, прочитал (2) опа́здывает, опозда́л
(3) вы́учил, у́чит (4) конча́ет, ко́нчил
(5) встреча́ю, встре́тил (6) смотре́ли, посмотре́л
(7) реша́ли, реши́л (8) отвеча́л, отве́тил
(8) объясня́л, объясни́л

제18과

1. (1) студе́нта и студе́нтку (2) това́рища (3) отца́ и мать
(4) сестру́ (5) преподава́теля (6) Серге́я (7) Ко́лю (8) дочь

2. (1) Мы ви́дим на у́лице авто́бус, маши́ну.
(2) Я ви́жу на у́лице сосе́да и его́ жену́.
(3) Мы еди́м у́тром рис, суп, ры́бу, мя́со.
(4) Мы пьём у́тром ко́фе, молоко́ и́ли чай.
(5) Студе́нты слу́шают поэ́та, писа́теля.
(6) Студе́нты слу́шают конце́рт, пе́сню, му́зыку.
(7) Мы встреча́ем у́тром Ива́на и Анну.
(8) В кио́ске продаю́т газе́ту, тетра́дь, ру́чку.

제19과

1. (1) интере́сный фильм (2) бе́лую руба́шку
(3) све́жую газе́ту (4) на́шего но́вого преподава́теля
(5) э́ту молоду́ю де́вушку (6) моего́ хоро́шего дру́га
(7) э́того рокпевца́ (8) на́шу но́вую библиоте́ку

(9) на́ше но́вое общежи́тие

2. (1) большо́й краси́вый го́род (2) родну́ю дере́вню
(3) ру́сскую фотовы́ставку (4) Третьяко́вскую галере́ю

제20과

1. (1) идёт, хо́дит (2) идёт, хо́дит (3) е́здим, е́дем
(4) е́здить, е́здить (5) везёт, во́зит (6) бегу́т, бе́гает
(7) лети́т, лета́ют (8) но́сит, несёте (9) плывёт, пла́вает
(10) лета́ет, лета́л, лете́л, лета́ть, лета́ть.

제21과

1. (1) сы́ну (2) преподава́телю (3) учи́тельнице (4) Та́не
(5) Мари́и (6) де́душке (7) отцу́ (8) мне

2. (1) Оле́гу два́дцать два го́да. (2) Са́ше четы́рнадцать лет.
(3) Алексе́ю Влади́мировичу со́рок четы́ре го́да.
(4) Мари́и Ива́новне шестьдеся́т семь лет.
(5) Отцу́ пятьдеся́т оди́н год.
(6) Бра́ту два́дцать во́семь лет.

3. понра́вился, понра́вились, понра́вился, понра́вилась, понра́вилось

4. (1) Во́лге (2) у́лице (3) врачу́ (4) нему́ (5) дру́гу

제22과

1. (1) бли́зкому дру́гу (2) мое́й ста́ршей сестре́
   (3) ва́шему но́вому преподава́телю
   (4) на́шей но́вой студе́нтке (5) свое́му сосе́ду
   (6) свое́й мла́дшей сестре́

2. (1) моему́ отцу́ (2) э́тому студе́нту (3)ста́ршей до́чери
   (4) мое́й ма́тери

3. (1) на́шему профе́ссору (2) свое́й сестре́
   (3) своему́ ста́рому учи́телю (4) э́той у́лице
   (5) Кра́сной пло́щади

제23과

1. (1) свобо́ден(свобо́дна), свобо́дный (2) за́нят, за́нятый

2. (1) здоро́вы (2) интере́сен (3) похо́жа, похо́ж
   (4) гото́вы, гото́в(а)

3. (1) до́лжен(должна́) (2) должны́ (3) до́лжны
   (4) должна́ (5) до́лжен(должна́)

4. (1) кладёт, лежа́т (2) ста́вим, стоя́т (3) ве́шаем, виси́т
   (4) кладёт, лежа́т

제24과

2. (1) выхо́дит (2) подхо́дит (3) отхо́дит (4) дохо́дит
(5) выхо́дит (6) вхо́дит (7) вхо́дит (8) прихо́дит

3. (1) приезжа́ют (2) уе́хала (3) прино́сит (4) принести́
(5) приво́зит

제25과

1. (1) слушай, слушайте (2) отвечай, отвечайте
(3) посмотри́, посмотри́те (4) умыва́йся, умыва́йтесь
(5) сове́туй, сове́туйте (6) встава́й, встава́йте
(7) возьми́, возьми́те (8) бери́, бери́те

2. (1) забыва́й (2) помога́й (3) купи́ (4) позвони́
(5) приходи́те (6) принеси́ (7) верни́сь (8) отве́тьте
(9) покажи́те (10) почи́сти

제26과

1. (1) Им неинтере́сно чита́ть э́ту кни́гу.
(2) Нам прия́тно говори́ть об э́том.
(3) Ребёнку хо́лодно.
(4) Не понима́ю, почему́ тебе́ гру́стно.

2. (1) ну́жно (2) нельзя́ (3) нельзя́ (4) мо́жно

3. (1) Ей ну́жно(на́до) позвони́ть свое́й сестре́.
   (2) Им ну́жно(на́до) мно́го занима́ться.
   (3) Моему́ това́рищу ну́жно(на́до) сдава́ть экза́мен.
   (4) Мое́й сестре́ ну́жно(на́до) выступа́ть на ве́чере.

제27과

1. (1) карандашо́м (2) ло́жкой и ви́лкой (3) студе́нтом
   (4) медсестро́й (5) учи́телем (6) отцо́м (7) врачо́м
   (8) това́рищем

2. (1) ста́нет (2) интересу́юсь (3) занима́юсь (4) рабо́тает

3. (1) тобо́й (2) мной (3) ней (4) ва́ми

제28과

1. (1) чёрной ру́чкой (2) жёлтым карандашо́м
   (3) ру́сской студе́нткой (4) хоро́шим знако́мым
   (5) шко́льным това́рищем (6) твое́й мла́дшей сестро́й
   (7) свои́м но́вым преподава́телем
   (8) ва́шим мла́дшим бра́том (9) свое́й до́черью
   (10) э́той же́нщной

2. (1) над пи́сьменныи столо́м (2) пе́ред кни́жным магази́ном
   (3) за кни́жным шка́фом (4) под ва́шей тетра́дью
   (5) над ле́сом

제29과

1. (1) Это наш сосе́д, кото́рый рабо́тает на заво́де.

(2) Я встре́тил дру́га, кото́рый неда́вно прие́хал из Москвы́.

(3) Я зна́ю э́того студе́нта, кото́рый учи́лся в Москве́.

(4) Вы зна́ете мою сестру, кото́рая рабо́тает в на́шей библиоте́ке.

(5) Мой брат у́чится в шко́ле, кото́рая нахо́дится на на́шей у́лице.

(6) Я была́ в кинотеа́тре, кото́рый нахо́дится на сосе́дней у́лице.

(7) Я слу́шаю ра́дио, кото́рое стои́т на столе́.

(8) В Москву́ прие́хали англи́йские студе́нты, кото́рые изуча́ют ру́сский язы́к.

2. (1) кото́рый (2) кото́рое (3) кото́рую (4) в кото́ром

(5) о кото́рой (6) кото́рого (7) у кото́рого (8) кото́рому

(9) с кото́рым (10) с кото́рой

제30과

1. (1) краси́вее (2) быстре́е (3) лу́чше (4) вы́ше

2. (1) лу́чше (2) ме́ньше (3) ху́же (4) гро́мче

3. (1) Зима́ в Москве́ холодне́е зимы́ в Петербу́рге.

(2) Наш дом бо́льше ва́шего до́ма.

(3) На́ша гру́ппа ме́ньше ва́шей гру́ппы.

(4) Мой оте́ц ста́рше ма́тери.

제31과

2. (1) была́, пое́хали бы (2) прочита́л, понра́вился бы
(3) пришёл, пошли́ бы (4) хоте́ла, могла́ бы взять

제32과

1. (1) два́дцать седьмо́е декабря́ (2) восемна́дцатого сентября́
(3) в де́сять мину́т девя́того (4) без десяти́ пять
(5) в полови́не седьмо́го

제33과

(1) теа́трах Москвы́ (2) санато́риях (3) же́нщинах Росси́и
(4) аудито́риях (5) автомоби́лей (6) теа́тров и музе́ев
(7) дней (8) госте́й (9) това́рищей (10) этаже́й
(11) сестёр (12) соба́к и ко́шек
(13) писа́телей и худо́жников (14) часо́в (15) студе́нтам
(16) това́рищам (17) преподава́телями (18) о́вощами

제34과

(1) бра́тьях и сёстрах (2) больши́х све́тлых аудито́риях
(3) прекра́сных общежи́тиях (4) свои́х ма́леньких де́тях
(5) мои́х ста́рых това́рищей (6) э́тих симпати́чных де́вушек
(7) на́ших но́вых друзе́й (8) дете́й (9) на́ших сосе́дей
(10) э́тих молоды́х худо́жников (11) мои́х роди́телей
(12) ру́сских кни́г (13) свои́х ста́рых студе́нтов

(14) бли́зким друзья́м (15) э́тим молоды́м лю́дям
(16) на́шими хоро́шими друзья́ми (17) ру́сскими студе́нтами
(18) твои́ми но́выми това́рищами

제35과

1. (1) Де́лая (2) Расска́зывая (3) Говоря́ (4) Игра́я (5) Идя́
   (6) Отдыха́я (7) Учась

2. (1) сде́лав (2) сда́в (3) отдохну́в (4) придя́
   (5) позанима́вшись

제36과

1. (1) живу́щая (2) сдаю́щие (3) у́чащиеся (4) покупа́ющую
   (5) живу́щего (6) нахо́дящемся (7) изуча́ющими
   (8) говоря́щих

2. (1) око́нчвший (2) позвони́вшая (3) учи́вшиеся
   (4) познако́мившийся (5) рабо́тавшем (6) игра́вшим

제37과

(1) ① прочи́танные ② прочи́таны
(2) ① полу́ченное ② полу́чено
(3) ① постро́ен ② постро́енном
(4) ① со́здан ② со́здана
(5) ① напи́санный ② напи́сан

(6) ① ку́пленные ② ку́плены

(7) ① организо́ванной ② оранизо́вана

(8) ① напеча́танную ② напеча́тана

Слова́рь

А

а 그리고, 그런데
ава́рия 사고
а́вгуст 8월
авто́бус 버스
автомоби́ль 男 자동차
автомоби́льный 자동차의
а́втор 작가
а́дрес 주소
алле́я 가로수길
альпини́ст 등산가
Аме́рика 미국; 아메리카대륙
англи́ийский 영국(인)의
апре́ль 男 4월
апте́ка 약국
арти́ст 남자배우, 무용가
арти́стка 여자배우, 무용가
аспира́нт 남자대학원생
аспира́нтка 여자대학원생
аудито́рия 강의실

Б

ба́бушка 할머니
Байка́л 바이칼湖
бале́т 발레
ба́ня 목욕탕
бар 술집
бассе́йн 수영장
бе́гать 不定向 뛰어다니다
бежа́ть 定向 뛰어가다 · 오다
без (+속격)~없이
бельё ①내의, ②빨랫감
бе́лый 흰색의
бе́рег 물가, 강변, 바닷가
берёза 자작나무
берёзовый 자작나무의
библиоте́ка 도서관
биле́т 표, 티켓
ближа́йший 가장 가까운
бли́зкий ①가까운, ②친근한
бли́зко 가깝다
блокно́т 수첩, 필기장
блю́до 요리, 음식
бога́тый 부유한
бо́лее 더, 더욱
боле́ть 不完 (1 · 2인칭 없이)아프다
боле́ть 不完 (병을)앓다
больни́ца 병원
больно́й ①아픈, 병든 ②男 환자
бо́льше ①더 크다 ②더 많은
бо́льше всего́ 무엇보다도 가장
большо́й 커다란
борщ 야채수프
брат 형, 오빠, 남동생

брать 不完 ①가지다 ②빌리다 ③사다
бро́сить 完 던지다; 내버리다
брю́ки 複 바지
бу́дущий 미래의
бутербро́д 샌드위치
буфе́т 간이식당
бы́стро 빨리, 신속히
быва́ть 不完 ①(자주)있다
②(자주)가다 · 오다
быть 不完 ①이다 ②있다; 존재하다

В

в ①(+전치격)(위치, 장소)..속에; ..에서
②(+대격)(운동의 목표)..로
ваго́н 차량
вдали́ 먼 곳에서
вдруг 갑자기, 뜻밖에
везти́ 定向 (교통수단으로)운반하다
век 세기
ве́рить 不完 (여격)믿다, 신뢰하다
верну́ть 完 돌려주다
верну́ться 完 돌아가다 · 오다
верши́на 정상
ве́село ①즐겁게 ②[술어]즐겁다
весёлый 즐거운
вести́ 定向 데리고 가다 · 오다
весь, вся, всё, все 온, 全
ве́чер ①저녁 때, 밤 ②야회, 파티
ве́чером 저녁에, 밤에
ве́шать 不完 (동작) 걸다
вещь 女 물건, 물품
взять 完 → брать
ви́деть 不完 ①보다 ②만나다
ви́деться 不完 (c+조격)서로 만나다
ви́дно [술어]보이다
ви́дный 보이는, 눈에 띄는
ви́лка 포오크
вино́ 와인
висе́ть 不完 (상태) 걸려있다
вку́сный 맛있는
вме́сте 함께, 같이
вме́сто (+속격)..대신에
внима́тельно 주의 깊게
внук 손자
вну́чка 손녀
вода́ 물
води́ть 不定向 데리고 다니다
возвраща́ться 不完 돌아오다
во́здух 공기
вози́ть 不定向 (교통수단으로)나르다,
수송하다
войти́ 完 → входи́ть
вокза́л 역
волнова́ться 不完 걱정하다
вообще́ 대체로, 전반적으로
вопро́с ①질문 ②문제
восемна́дцатый 18번째의
восемна́дцать 18
во́семь 8
воскресе́нье 일요일
восьмо́й 8번째의
вот ①바로 여기(에), 바로 이것, 그것
②뒤에 오는 단어를 강조한다
все 모든 사람(들), 모두
всё 모든 것
врач 의사
вре́мя 中 시간
всегда́ 항상, 언제나
вспомина́ть 不完(대격/о+전치격)
회상하다

встава́ть 不完 일어나다
встать 完 → встава́ть
встре́тить 完 → встреча́ть
встре́титься 完 → встреча́ться
встреча́ть 不完 만나다
встреча́ться 不完 (с+조격)만나다
вто́рник 화요일
второ́й 2번째의
вуз 고등교육기관, 대학
входи́ть 不完 들어가다 · 오다
вчера́ 어제
вчера́шний 어제의
выбира́ть 不完 선택하다, 고르다
вы́брать 完 → выбира́ть
вы́йти 完 → выходи́ть
вы́пить 完 → пить
вы́расти 完 → расти́
высо́кий 높은, (키가)큰
высоко́ ①높게 ②[술어]높다
вы́ставка 전람회
выступа́ть 不完 ①앞으로 나오다
②출연 · 출장하다
вы́ступить 完 → выступа́ть
вы́учить 完 → учи́ть
выходи́ть 不完 나오다; 내리다

Г

газ 가스
газе́та 신문
галере́я 화랑, 미술관
га́лстук 넥타이
где [의문사] 어디에(서)?
где [관계부사] ..하는 곳의
геро́й ①영웅 ②주인공
гита́ра 기타
глаза́ 複 눈
говори́ть 不完 말하다
год 해(年)
голубо́й 하늘색의
гора́ 산
го́род 도시
городско́й 도시의
горя́чий 뜨거운
гости́ница 호텔
гость 男 손님
гото́вить 不完 ①준비하다 ②요리하다
гото́вый 준비된
гро́мкий 큰 목소리의
гро́мко 큰 목소리로
грузови́к 트럭
гру́ппа 그룹
гру́стно [술어]우울하다, 슬프다
гру́стный 우울한, 슬픈
гуля́ть 不完 산책하다

Д

да 예, 그렇다
дава́ть 不完 (여격)주다
давно́ 오래 전부터
далеко́ 멀리, [술어]멀다
да́льше ①더 멀리 ②계속, 더
дари́ть 不完 선물하다
дать 完 → дава́ть
два, две 2
двадца́тый 12번째의
два́дцать 20
двена́дцатый 12번째의
двена́дцать 12

дверь 女 문
де́вочка 소녀
де́вушка 아가씨
девятна́дцатый 19번째의
девятна́дцать 19
девя́тый 9번째의
де́вять 9
де́душка 男 할아버지
дека́брь 男 12월
дека́н (대학의)학부장
де́лать 不完 ①하다 ②만들다
де́ло 일
день 男 ①하루 ②낮
де́ньги 複 돈
дере́вня 시골
де́рево 나무
деся́тый 10번째의
де́сять 10
де́ти 複 아이들
де́тский 아이의, 아동용의
де́тство 유년시절
деше́вле 더 비싸다
дёшево ①싸게 ②[술어]싸다
дешёвый (값이)싼
диало́г 대화
дива́н 안락의자
дикта́нт 받아쓰기
дире́ктор (시설의)長, 지배인
для (+속격)①..를 위한 ②..에 있어서
днём 낮에
до (+속격)(공간적 · 시간적 한계)..까지
дово́льно 꽤, 상당히
дово́льный (+조격) 만족해하다
дождь 男 비
доезжа́ть 不完 (до+속격)(교통수단을 이용하여)..까지 가다
дое́хать 不完 → доезжа́ть
дойти́ 不完 → доходи́ть
докла́д 보고, 발표
до́ктор 의사
докуме́нт ①서류 ②신분증명서
до́лго 오랫동안
до́лжен, жна́, -жно́, -жны́ (+부정형) ..해야만 한다
дом ①棟(아파트식의 가옥건물) ② 자택
до́ма (위치)집에서
дома́шний 집의, 가정의
до́мик 작은 가옥
домо́й (방향)집으로
доро́га 길, 도로
до́рого ①비싸게 ②[술어]비싸다
дорого́й 비싼, 귀중한
доска́ ①널빤지 ②칠판
доходи́ть 不完 (до+속격)..까지 가다
дочь 女 딸
дре́вний 고대의
друг 친구
друго́й 다른, 별개의
дружи́ть 不完 (с+조격)사이가 좋다
ду́мать 不完 (о+전치격)생각하다
душ 샤워
душа́ 마음, 정신
дядя 男 ①삼촌 ②아저씨

Е

Евро́па 유럽
е́здить 不定向 (타고)다니다
есть ①..이다 ②있다
есть 不完 먹다
е́хать 定向 (타고)가다 · 오다

ещё ①더, 또 ②아직 ③벌써, 이미 ④한층 더, 보다 더

Ж

жа́ркий 더운
жа́рко [술어]덥다
ждать 不完 기다리다
же [강세조사]도대체, 과연, 정말
жела́ть 不完 (속격)희망하다
жёлтый 노란색의
жена́ 아내, 妻, 부인
же́нщина 여자, 부인
жить 不完 생활하다, 살다
журна́л 잡지
журнали́ст 저널리스트, 기자

З

за ①(+조격)뒷편에 ②(+대격)위하여
заболе́ть 完 병이 나다, 발병하다
забыва́ть 不完 잊다
забы́ть 完 → забыва́ть
зави́довать 不完 (여격)부러워하다
за́втра 내일
за́втрак 아침식사
за́втракать 不完 아침을 먹다
загора́ть 不完 일광욕하다
зада́ние 과제
зада́ча (수학, 물리학 등의)문제
зайти́ 完 들르다
заказа́ть 完 주문하다
занима́ться 不完 ①(조격)종사하다 ②공부하다, 학습하다
заня́тия 複 수업
за́нятый 바쁜, 분주한
запрети́ть 完 → запреща́ть
запреща́ть 不完 (여격)(+부정형) ..하는 것을 금하다, 금지하다
заря́дка 체조
звать 不完 부르다
звони́ть 不完 (여격)전화를 걸다
звук 소리
зда́ние 건물, 빌딩
здесь 여기에
здоро́вый 건강한
здоро́вье 건강
здра́вствуй(те) (인사)안녕(하십니까)?
зи́мний 겨울(용)의
зимо́й 겨울에
знако́миться 完 (с+조격)알게되다
знако́мый 아는 사이의, 알고 있는
знать 不完 알다
зна́чит [삽입어]즉
зонт 우산
зуб 치아

И

и ①그리고, ..와 ②[강세조사]..도
игра́ть 不完 ①놀다 ②(в+대격)(경기를)하다
игру́шка 장난감
идти́ 定向 ①(걸어서)가다 · 오다 ②진행하다, 경과하다 ③(눈 · 비가)오다
из (+속격) ①..속으로부터 ②(장소)..로부터
изве́стно [술어]알려져있다, 유명하다
изве́стный 유명한

извини́ть 完 → извиня́ть
извиня́ть 不完 용서하다
изуча́ть 不完 ①배우다 ②연구하다
и́ли 또는
име́ть 不完 가지다, 소유하다
и́мя 中 이름
инжене́р 엔지니어
иногда́ 가끔, 때때로
иностра́нец (남자) 외국인
иностра́нка (여자) 외국인
иностра́нный 외국의
институ́т ①(4년제) 단과대학 ②연구소
интере́сный ①흥미로운 ②매력있는
интересова́ться 不完(조격) (흥미 · 관심)을 갖다
исправля́ть 不完 고치다, 정정하다
исто́рия 역사
июль 男 7월
июнь 男 6월

К

к (+여격) ①(운동의 방향)..로 ②(사람이 있는 곳)으로 ③(접근)..로
кабине́т 연구실, 진찰실, 사무실
ка́ждый ①각각의 ②[명사] 각자
ка́жется [삽입어] 아마도 ..같다
как [의문사] 어떻게?
како́й [의문사] 어떤?
како́й-нибу́дь (무엇이든지) 어떤
кани́кулы 複 (학교의) 방학
каранда́ш 연필
карти́на 그림
ка́рты 複 트럼프(놀이)
ка́сса 매표소
кафе́ 카페
кварти́ра (아파트의 1가족이 점유하는) 공간, 자택
кино́ 영화관(= кинотеа́тр)
кио́ск 간이매점, 가두판매점
класс ①(초등 · 중등학교의) 학년 ②교실
класси́ческий 고전의, 클래식의
класть 不完 (동작) ①놓다 ②넣다
клуб 클럽, 서클
ключ 열쇠
кни́жный 서적의
когда́ [의문사] ①언제? ②..할 때
когда́ [관계부사] ..할 때
ко́жа 가죽
кома́нда 선수단, 팀
ко́мната 방
компа́ния 회사
компози́тор 작곡가
компью́тер 컴퓨터
конве́рт 봉투
консервато́рия 음악원, 음악대학
контро́льная рабо́та 간이시험
конча́ть 不完 끝내다
конча́ться 不完 끝나다
ко́нчить 完 → конча́ть
коне́чно [삽입어] 물론
конце́рт 음악회, 콘서트
конья́к 코냑
коре́ец 한국남자
коре́йский 한국의
Коре́я 한국
коре́янка 한국여자
коридо́р 복도
коро́ткий 짧은
ко́ротко 짧게

ко́смос 우주
костю́м (남녀의)정장
ко́фе 男 커피
ко́шка 고양이
краси́во ①아름답게 ②[술어]아름답다
краси́вый 아름다운, 예쁜
кра́сный 빨간색의
Кремль 男 크레믈린
кре́сло 안락의자
крючо́к 후크
кто [의문사] 누구?
кто-то 누구인가, (모르는)어떤 사람
куда́ [의문사] 어디로?
купа́ться 不完 목욕하다, 해수욕하다
купи́ть 完 사다
кури́ть 不完 흡연하다
курс (대학의)학년
ку́хня 부엌

Л

ла́мпа 전등, 전기스탠드
ле́вый 왼쪽의
лёгкий ①가벼운 ②쉬운
легко́ ①쉽게 ②[술어]쉽다
лежа́ть 不完 (상태)놓여있다
лека́рство 약
ле́кция 강연, 강의
лес 숲
лесопа́рк (교외의)산림공원
лета́ть 不定向 날아다니다
лете́ть 定向 날아가다 · 오다
ле́тний 여름(용)의
ле́том 여름에
лечи́ть 不完 치료하다
лечь 完 → ложи́ться
литерату́ра 문학
ли́шний 여분의
ло́дка 보트
ложи́ться 不完 (동작)눕다
ло́жка 숟가락
лу́чше ①좋게 ②[술어]더 좋다
лу́чший ①더 좋은 ②가장 좋은
люби́ть 不完 좋아하다, 사랑하다
любо́вь 女 사랑
любо́й ①온갖 ②(명사)누구든지

М

магази́н 대형상점, 백화점
май 5월
ма́ленький 작은, 나이어린
ма́ло ①거의 없다
②[대명사](+속격)아주 약간의
ма́льчик 소년
ма́ма 엄마, 어머니
ма́рка 우표
март 3월
мать 女 엄마, 어머니
маши́на ①기계 ②승용차
ме́дленно 천천히, 느리게
медсестра́ 간호원
ме́нее 더 적게
меня́ться 不完 바뀌다
ме́сто ①자리, 좌석 ②장소
ме́сяц 달(月)

метр 미터
метро́ 지하철
мечта́ть 不完 (+부정형/о+전치격) 염원하다, 꿈꾸다
меша́ть 不完 (여격)(+부정형) ..하는 것을 방해하다
ми́мо (+속격)..옆을 지나서
мину́та 1분
мир ①평화 ②세계, 세상
мла́дший 손아래의
мно́го ①많다 ②[대명사](+속격)많은
мо́дный 유행의; 유행을 좇는
мо́жет быть [삽입어]아마도 ..이다
мо́жно [술어] ①..해도 좋다 ②..할 수 있다
молодёжь 女 [집합]젊은이
молодо́й 젊은
молоко́ 우유
моло́чный 乳제품의
мо́ре 바다
моро́женое 中(형용사변화)아이스크림
Москва́ 모스크바
моско́вский 모스크바의
мотоци́кл 오토바이
мочь 不完 ..할 수 있다; ..해도 좋다
мужчи́на 男 (成年의)남자
музе́й 박물관
му́зыка 음악
мыть 不完 씻다, 빨다
мы́ться 不完 (자신의 몸을)씻다
мя́со 고기, 육류

Н

на ①(+전치격)(위치, 장소)..위에;에서 ②(+대격)(운동의 목표)..로
наве́рное [삽입어]아마, 틀림없이
навстре́чу ..로 향하여
над (+조격)(공간) 위에
на́до [술어](+부정형)..할 필요가 있다
наза́д ①뒤로 ②(시간)前에
назва́ние 명칭
найти́ 完 발견하다, 찾아내다
нале́во 왼쪽으로
напеча́тать 完 인쇄하다, 게재하다
написа́ть 完 → писа́ть
напра́во 오른쪽으로
нарисова́ть 完 → рисова́ть
находи́ться 不完 있다, 위치하다
нача́ло 시작
нача́ть 完 → начина́ть
начина́ть 不完 시작하다
начина́ться 不完 시작되다
не ..이(가)아니다
не́бо 하늘
неда́вно 최근에
неде́ля 1주일
незнако́мый 알지 못하는
неинтере́сно [술어]재미없다
нельзя́ [술어](+부정형) ①..할 수 없다 ②..해서는 안된다
немно́го ①약간, 조금 ②[대명사](+속격)약간의
неожи́данно 뜻밖에
неприя́тно [술어]불쾌하다

не́сколько [대명사] (+속격) 몇몇의, 약간의
нести́ 定向 나르다; 가지고 가다 · 오다
нет 아니요, 아니다
нет (+속격) 없다, 존재하지 않는다
неудо́бно [술어] 불편하다
никогда́ 결코(한번도) ..않다
ничего́ 아무 것도 ..않다(없다)
новосе́лье 집들이
но́вость 女 소식, 정보, 뉴스
но́вый 새로운
нож 나이프, 칼
но́мер 번호가 붙은 것
носи́ть 不定向 나르다; 가지고 다니니다
ноя́брь 男 11월
нра́виться 不完 마음에 들다
ну́жно [술어] (+부정형)
.. 할 필요가 있다, 해야 한다

O

о (+전치격) ..에 관하여
обе́д 정찬(正餐) (하루의 주요한 식사로 보통은 점심)
обе́дать 不完 점심을 먹다
о́блако 구름
обра́тно 거꾸로
обсужда́ть 不完 심의하다
общежи́тие 기숙사
объясни́ть 完 → объясня́ть
объясня́ть 不完 설명하다
обы́чно 보통, 평소에
обяза́тельно 반드시
о́вощи 複 야채
оди́н, одна́, одно́, одни́ ①하나 ②어떤 ③같은, 동일한

оди́ннадцатый 11번째의
оди́иннадцать 11
о́зеро 호수
окно́ 창문
о́коло (+속격) ①..곁에; 가까이에 ②대략
оконча́ть 不完 종료하다, 졸업하다
око́нчить 完 → оконча́ть
октя́брь 男 10월
опазда́ть 完 → опа́здывать
опа́здывать 不完 지각하다, 늦다
о́пера 오페라
опера́ция 수술
о́перный 오페라의
опя́ть 다시, 또
организова́ть 不完 · 完 조직 · 설립하다
о́сенью 가을에
осма́тривать 不完 ①구경하다 ②검사하다
осмотре́ть 完 → осма́тривать
основа́тель 男 설립자
остава́ться 不完 남다
оста́ться 完 → остава́ться
оста́вить 完 → оставля́ть
оставля́ть 不完 ①남기다, 남겨두다
②(어떤 상태로)그대로 두다
остано́вка 버스정류장
от (+속격) ①(이탈 · 분리)부터
②(거리 · 간격)..로 부터
отве́т ①대답 ②해답 ③답장
отве́тить 完 → отвеча́ть
отвеча́ть 不完 대답하다
отдава́ть 不完 인도하다, 넘겨주다
отда́ть 完 → отдава́ть
отдохну́ть 完 → отдыха́ть
о́тдых 휴식
отдыха́ть 不完 쉬다; 휴양하다
оте́ц 아버지, 아빠

открыва́ть 不完 열다, 개최하다
откры́тка 엽서
откры́ть 完 → открыва́ть
отку́да [의문사] 어디로부터?
отойти́ 完 → отходи́ть
о́тпуск 휴가
отходи́ть 不完 떨어지다, 멀어지다
о́чень 매우, 대단히
очки́ 複 안경
оши́бка 실수, 실패

П

пальто́ 코트
па́па 아빠, 아버지
па́пка 파일
Пари́ж 파리
парк 공원
парохо́д 기선
па́спорт 여권
пельме́ни 複 뻴메니(만두의 일종)
пе́ние 노래를 부르는 일, 노래
пе́рвый 첫번째의
перевести́ 完 → переводи́ть
переводи́ть 不完 번역 · 통역하다
перево́дчик 번역가, 통역사
пе́ред (+조격)(공간) 앞에, (시간)前에
передава́ть 不完 건네(주)다
переда́ть 完 → передава́ть
переезжа́ть 不完 ①옮기다 ②넘어가다
перее́хать 完 → переезжа́ть
перейти́ 完 → переходи́ть
переходи́ть 不完 ①건너가다 ②옮기다
пе́сня 노래
Петербу́рг 뻬쩨르부르크

петь 不完 노래하다
пешко́м 걸어서
писа́тель 男 작가, 소설가
писа́тельница 여류작가
писа́ть 不完 쓰다
пи́сьменный 필기용의
письмо́ 편지
пить 不完 마시다
пи́ща 음식
пла́вать 不定向 ①수영하다 ②항해하다
пла́тье ①의복 ②원피스; 드레스
плащ 레인코트
пло́хо ①나쁘게, 서툴게
②[술어](상태 · 기분이)나쁘다
плохо́й 나쁜, 서투른
пло́щадь 女 광장
плыть 定向 ①수영하다
②(배를 타고)가다 · 오다
по (+여격) ①(표면운동)..를 따라서
②(수단)..로 ③(전문영역)..의
по-англи́йски 영어로
по́вар 요리사
пове́сить 完 → ве́шать
повторя́ть 不完 반복하다
поговори́ть 完 잠시 동안 이야기하다
пого́да 날씨
под (+조격)(공간) 아래에
подари́ть 完 → дари́ть
пода́рок 선물
поднима́ть 不完 올리다, 들다
поднима́ться 不完 올라가다
подня́ться 完 → поднима́ться
подожда́ть 完 → ждать
подойти́ 完 → подходи́ть
подписа́ть 完 → подпи́сывать
подпи́сывать 不完 서명하다

подплыва́ть 不完 (к+여격)(배를 타고) 접근하다; (수영하여) 다가가다
подплы́ть 完 → подплыва́ть
подру́га 여자친구
подходи́ть 不完 (к+여격)가까이 가다
по́езд 기차
пожа́луйста ①(공손한 청원)어서 ②(동의)예, 좋습니다 ③여기 있습니다.
позанима́ться 完(얼마 동안)공부하다
позвони́ть 完 → звони́ть
по́здний 늦은
по́здно ①늦게 ②[술어]늦다
поздоро́ваться 完 → здоро́ваться
познако́миться 完 → знако́миться
пойти́ 完 (출발하여)가다
показа́ть 完 → пока́зывать
показа́ться 完 → пока́зываться
пока́зывать 不完 보여주다
пока́зываться 不完 보이다, 나타나다
поколе́ние 세대
покрыва́ть 不完 덮다
покры́ть 完 → покрыва́ть
покупа́ть 不完 사다, 구매하다
по́ле ①들, 벌판 ②항(넓은)공간
поликли́ника 종합진료병원
поли́тика 정치, 정책
по́лка 선반
полови́на 半, 30분
положи́ть 完 → класть
полотенце 수건
получа́ть 不完 받다
получи́ть 完 → получа́ть
полчаса́ 半시간, 30분
помеша́ть 完 → меша́ть
по́мнить 不完 (대격/ о+전치격) 기억하고 있다
помога́ть 不完 (여격)(+부정형)..하는 것을 도와주다
помо́чь 完 → помога́ть
понеде́льник 월요일
понима́ть 不完 이해하다, 알아듣다
понра́виться 完 → нра́виться
поня́тно [술어]명백하다
поня́тный 명확한
поня́ть 完 → понима́ть
пообе́дать 完 → обе́дать
попроси́ть 完 → проси́ть
попроща́ться 完 → проща́ться
пора́ [술어](+부정형) ..할 시간이다
пора́ньше 좀 더 일찍이
портре́т 초상화
портфе́ль 男 손가방, 서류가방
по-ру́сски 러시아어로
посеща́ть 不完 방문하다
посла́ть 完 → посыла́ть
по́сле (+속격)..한 이후에
после́дний 마지막의; 최신의
посмотре́ть 完 → смотре́ть
посове́товать 完 → сове́товать
поста́вить 完 → ста́вить
посте́ль 女 잠자리
постро́ить 完 → стро́ить
поступа́ть 不完 (в/на+대격) 들어가다
поступить 完 → поступа́ть
посу́да 식기
посыла́ть 不完 보내다, 파견하다
потеря́ть 完 → теря́ть
пото́м 그 다음에, 그 이후에
потому́ что 왜냐하면
поу́жинать 完 → у́жинать
похо́д (단체의)하이킹, 소풍

похо́жий 닮은
почему́ [의문사] 왜? 무슨 이유에서?
почи́стить 完 → чи́стить
по́чта ①우체국 ②우편물
почтальо́н 우체부
почти́ 거의
поэ́т 시인
пра́вильно ①옳게, ②[술어] 맞다
пра́вый 오른쪽의
пра́здник 경축일
предме́т 과목
прекра́сно [술어] 좋다, 훌륭하다
прекра́сный 대단히 아름다운, 훌륭한
преподава́тель 男 (대학의) 남자교원
преподава́тельница (대학의) 여자교원
привезти́ 完 → привози́ть
приве́т (인사말) 안녕
привози́ть 不完 (교통수단으로) 나르다, 운반하다
пригласи́ть 完 → приглаша́ть
приглаша́ть 不完 초대하다, 권하다
пригото́вить 完 → гото́вить
приезжа́ть 不完 (교통수단으로) 오다, 도착하다,
прие́хать 完 → приезжа́ть
прийти́ 完 → приходи́ть
прилета́ть 不完 (비행기로) 오다
прилете́ть 完 → прилета́ть
принести́ 完 → приноси́ть
принима́ть 不完 ①받아들이다 ②채용하다
приноси́ть 不完 나르다, 운반하다
приня́ть 完 → принима́ть
приходи́ть 不完 (걸어서) 도착하다
прия́тно ①유쾌하게, 즐겁게 ②[술어] 유쾌하다
прия́тный 즐거운, 유쾌한
проводи́ть 不完 (시간을) 보내다
програ́мма 프로그램
продава́ть 不完 팔다
проде́ц 점원
прода́ть 完 → продава́ть
продолжа́ть 不完 계속하다
проду́кты 複 식료품
прожи́ть 完 (일정기간) 생활하다
пройти́ 完 → проходи́ть
проси́ть 不完 부탁하다
профе́ссор 교수
проходи́ть 不完 ①통하다, 통행하다 ②통과하다
прочита́ть 完 → чита́ть
про́шлый 지나간, 과거의
пти́ца 새
пятна́дцатый 15번째의
пятна́дцать 15
пя́тница 금요일
пя́тый 5번째의
пять 5

Р

рабо́та 직장
рабо́тать 不完 일을 하다; 영업하다
рабо́чий 男 (형용사변화) 노동자
рад, ра́да, ра́ды (형용사단어미) 기쁘다
ра́дио (不變) 라디오
раз 번, 回
ра́зве 과연, 정말로
разгова́ривать 不完 이야기를 나누다
разреша́ть 不完 (여격)(+부정형) ..하는 것을 허락하다

разреши́ть 完 → разреша́ть
ра́ньше 예전에(는)
расска́з ①이야기, ②단편소설
раскаса́ть 完 → расска́зывать
расска́зывать 不完 (대격/ о+전치격) 이야기하다
расти́ 不完 성장하다, 자라다
ребёнок 어린아이
реза́ть 不完 자르다
река́ 강, 하천
рестора́н 레스토랑
реша́ть 不完 ①(문제를)풀다 ②결심하다, 결정하다
реши́ть 完 → реша́ть
рис 쌀, 밥
рисова́ть 不完 그리다, 묘사하다
ро́дина ①고향 ②모국
роди́тели 複 부모
роди́ться 不完 태어나다
родно́й 태어난
рожде́ние 태생
рома́н 장편소설
руба́шка (러시아풍의)상의, 셔츠
ру́сская 女 러시아여자
ру́сский ①러시아(식)의, 러시아인의 ② 男 러시아남자
ру́чка ①만년필, 볼펜 ②손잡이
ры́ба 생선
ры́нок 시장
рюкза́к 등에 매는 가방, 배낭

С

с (+조격) ①..와 함께 ②(+속격) (공간적 · 시간적 한계)..부터

сад 뜰, 정원
сади́ться 不完 (동작) ①앉다 ②(차에)타다
самолёт 비행기
санато́рий 요양소
све́жий ①신선한 ②최신의 최근의
све́тлый 밝은
свобо́дно ①자유롭게; 한가하게 ②[술어]한가롭다, 바쁘지 않다
свобо́дный ① 한가로운 ②비어있는
свой 자신의
сдава́ть 不完 ①넘겨주다 ②시험보다
сдать 完 → сдава́ть
сде́лать 完 → де́лать
сеанс (영화 또는 연극의 상연의) 回
сегодня́шний 오늘의, 현재의
седьмо́й 7번째의
сейча́с 지금(은)
семна́дцатый 17번째의
семна́дцать 17
семь 7
семья́ 가족, 가정
сентя́брь 男 9월
сестра́ 여동생, 누나, 언니
сесть 完 → сади́ться
сигаре́та 담배
сиде́ть 不完 ①(상태)앉아있다 ②(어떤 장소 또는 상태에) 있다
си́льный 강한, 힘센, 격렬한, 유력한
симпати́чный 호감이 가는, 상냥한
си́ний 파란색의
сказа́ть 完 → говори́ть
ско́лько [의문사] (+속격)얼마나?
ско́ро 곧, 머지않아
скри́пка 바이올린
ску́чно ①지루하게, 단조롭게 ②[술어]지루하다, 적적하다

ску́чный 지루한, 단조로운, 적적한
сле́дующий 다음의
слова́рь 男 사전
сло́во ①단어 ②말, 발언
слух 소문
слу́шать 不完 듣다, 귀를 기울이다
слы́шно [술어]들리다
слы́шный 들리는, 감지되는
смея́ться 不完 웃다
смотре́ть 不完 보다, 관찰하다
смочь 完 → мочь
снача́ла 먼저, 처음에는
снег 눈
соба́ка 개
собра́ние 집회
собра́ть 完 → собира́ть
сове́товать 不完 (여격) (+부정형) ..할 것을 충고하다
сове́товаться 不完(с+조격)조언을 구하다
совреме́нный ①현대의 ②동시대의
создава́ть 不完 창조하다, 건설하다
созда́ть 完 → создава́ть
сок 주스, 과즙
со́лнце 해, 태양
со́ль 女 소금
сообща́ть 不完 알리다, 통보하다
сообщи́ть 完 → сообща́ть
сосе́д 이웃
сосе́дний 이웃의
спаси́бо 고맙다, 감사합니다
спать 不完 자다
спекта́кль 男 연극, 흥행
специа́льность 女 전공
спеши́ть 不完 서두르다
спо́рить 不完 (с+조격)논의・논쟁하다
спорт 스포츠, 경기
спортза́л 체육관
спортсме́н 운동선수
спра́шивать 不完 묻다, 물어보다
спроси́ть 完 → спра́шивать
сра́зу 곧, 즉각
среда́ 수요일
сре́дний 중간의, 중등의
ста́вить 不完 (동작)세우다, 놓다
стадио́н 경기장, 스타디움
стака́н 유리컵
станови́ться 不完 (조격)..가 되다
ста́нция (지하철의)역
ста́рший 손위의
ста́рый ①나이 든, 늙은 ②오래된, 낡은
стать 完 → станови́ться
стать 完 (+부정형)..하기 시작하다
статья́ 논문, 기사
стена́ 벽
степе́ндия 장학금
стихи́ 複 詩
сто 100
стол 책상, 테이블
столо́вая 女 (형용사변화)구내식당
стоя́нка (택시의)주차장
стоя́ть 不完 ①(상태)서있다 ②위치하다
страна́ 나라, 국가
страни́ца 페이지
страх 공포, 두려움
стро́ить 不完 건축하다, 건설하다
студе́нт 남자대학생
студе́нтка 여자대학생
студе́нческий 학생의
стул 의자, 걸상
суббо́та 토요일
суверни́р 기념품

сумка 핸드백
суп 수프
съесть 完 → есть
сын 아들
сюда 이리로, 이곳으로

Т

так 이와 같이, 이렇게, 그렇게
такой 그러한, 그와 같은
такси (不變)택시
там 거기에, 그곳에
танцевать 不完 춤을 추다
тарелка 접시
театр ①극장 ②연극
текст 텍스트, 본문, 원문
телевизор 텔레비전
телефон 전화, 휴대전화
теннис 테니스
теперь 지금(은), 현재는
тепло ①따뜻하게 ②[술어]따뜻하다
теплоход 디젤선
тёплый 따뜻한
тетрадь 女 공책
тётя 숙모
тихий 조용한
тихо ①조용히 ②[술어]조용하다
товарищ ①동료 ②(보통 호칭으로서 姓 · 직업명에 붙여)..씨
тогда ①그 때, 그 당시 ②그렇다면
то есть 즉
тоже 역시, 또한
торт 케이크
тот, та, то, те (시간적 · 공간적으로 더 먼 곳에 있는 사물을 가리킨다)그, 저
трамвай 전차
третий 3번째의
три 3
тринадцатый 13번째의
тринадцать 13
троллейбус 트롤리버스
трудно ①어렵게, 힘들게 ②[술어]어렵다, 힘들다
трудный 어려운, 힘든, 곤란한
туда 거기로, 그곳으로
турист 관광객
туфли 複 구두(短靴)
тысяча 1000

У

у (+속격) ①곁에, 부근에, 가까이에 ② (소유 · 소속)..에게 ③..의 집에(서) ④..한테서
уважать 不完 존경하다; 존중하다
увидеть 完 → видеть
увлекаться 不完 (조격)..에 열중하다
удобно [술어] 편리하다
удобный 편리한
удовольствие 만족
уезжать 不完 (타고)떠나다, 가버리다
уехать 完 → уезжать
уже 이미, 벌써
ужин 저녁식사
ужинать 不完 저녁을 먹다
узкий 좁은
узко [술어] 좁다
узнавать 不完 ①(..라고)알게되다 ②이해하다, 지식 · 정보를 얻다
узнать 完 → узнавать
уйти 完 → уходить

у́лица 자동차길, 거리
улыба́ться 不完 웃다, 미소를 짓다
уме́ть 不完 (학습을 통하여)할 줄 안다
у́мный 현명한
умыва́ться 不完 세수하다
университе́т 종합대학
упражне́ние 연습문제
ура́ (감탄어)와! 만세!
уро́к ①수업 ②(교과서의)課 ③숙제
у́тренний 아침의
у́тром 아침에
уходи́ть 不完 떠나다, 가버리다
уча́ствовать 不完 (в+전치격)참가하다
уче́бник 교과서
уче́бный 학습의, 수업의
учи́тель 男 (초 · 중등학교의)남자교사
учи́тельница (초 · 중등학교의)여교사
учи́ть 不完 배우다, 암기하다, 예습 · 복습하다
учи́ться 不完 ①(장소에서)배우다, 공부하다 ②(여격)..을 배우다(공부하다)

Ф

факульте́т 학부
фами́лия 姓
февра́ль 男 2월
фестива́ль 男 축제
фильм 영화
фи́рма 회사
фотоаппара́т 사진기
фотовы́ставка 사진전람회
фотогра́фия 사진
францу́зский 프랑스(어)의
фру́кты 複 과일
футбо́л 축구
футбо́лка 소매가 짧은 운동셔츠
футбо́льный 축구의

Х

хими́ческий 화학의
хи́мия 화학
ходи́ть 不定向(걸어서)다니다, 왕복하다
холоди́льник 냉장고
хо́лодно ①냉정하게 ②[술어]춥다
холо́дный 추운, 찬
хоро́ший 좋은, 훌륭한
хорошо́ ①잘, 훌륭하게 ②[술어]좋다, 훌륭하다
хоте́ть 不完 (+부정사)원하다
худо́жник 화가
худо́жница 여류화가

Ц

цвет 색깔
цвето́к 한 송이의 꽃
цветы́ 複 꽃
це́лый 온, 전체의
центр ①중심(지) ②센터

Ч

чай 茶
ча́сто 자주
часы́ 複 시계
ча́шка 찻잔
челове́к 사람, 인간

чем [접속사]..보다

чемода́н (여행용)가방

че́рез (+대격)①(공간)건너서; 넘어서 ②(시간)..후에 ③(수단)..을 통하여

Чёрное мо́ре 흑해

чёрный 검은, 검은색의

четве́рг 목요일

четвёртый 4번째의

че́тверть 女 4분의 1, 15분

четы́ре 4

четы́рнадцатый 14번째의

четы́рнадцать 14

число́ ①數 ②날, 날짜

чи́стить 不完 깨끗이하다

чи́сто ①깨끗하게 ②[술어]깨끗하다

чи́стый 깨끗한

чита́ть 不完 읽다, 독서하다

что [의문사] 무엇?

что [관계대명사] ..하는 것의

что [접속사] ..한다고; ..하다(이라)는 것을

что́бы [접속사] ①(목적)..하기 위하여, ②..하도록, ..하게끔

что́-то 그 무엇, 무엇인가

чу́вствовать 不完 느끼다

чужо́й 타인의

Ш

шаг 걸음

ша́пка (차양이 없는)모자

шарф 목도리

шестна́дцатый 16번째의

шестна́дцать 16

шесто́й 6번째의

шесть 6

широ́кий 넓은

широко́ [술어]넓다

шкаф 옷장, 책장

шко́ла 초·중등학교

шко́льный 초·중등학교의

шоссе́ 자동차도로

шум 소음

Э

электри́чество 전기

э́то, э́та, э́то, э́ти 이, 그, 저

экза́мен 시험

экску́рсия 소풍, 견학

эта́ж 층

Ю

ю́бка 치마, 스커트

Я

я́блоко 사과

язы́к ①언어 ②혀

яйцо́ 달걀

янва́рь 男 1월

Япо́ния 일본